Freio #3

D1725308

Freio #3

Grünflächen

herausgegeben von Barbara Räderscheidt
und Eusebius Wirdeier im Freio Verlag Köln

Inhalt

Grün sind alle meine Kleider

Autobiografische Ambivalenz

Mein Verhältnis zu Grünanlagen ist zwiespältig. Wunderbar finde ich sie überall dort, wo sie Allgemeingut sind. Wo Stadt oder Land ihre Pflege übernehmen. Noch schöner ist für mich der öffentliche Wildwuchs, besonders die üppige Fauna am Rande der Bahngleise. Private Gärten hingegen, besonders die mit akkurater Rasenlänge und adretter Beetgestaltung, rufen bei mir Unbehagen hervor.

Ich war achtzehn, als es mich vom Land in die Stadt zog. Ich ergötzte mich am wunderbaren Grau der Mauern und zeigte kein Interesse an Grüngürtel oder Stadtwald. Bei der Einrichtung der Wohnung ließ und lasse ich Vorsicht walten. Bis heute sind auf siebzig Quadratmetern nur drei (mit einem starken Überlebenswillen ausgestattete) Zimmerpflanzen zu finden.

Bis zu meinem Umzug war ich von Grün umgeben. Das Heimatdorf liegt inmitten von Wäldern und Wiesen. Das Elternhaus nahe dem Fluss hat einen Garten von fünfhundert Quadratmetern. Dort fand der Zwiespalt seinen Anfang.

Denn mein Vater liebte die Gartenarbeit und wollte seine Begeisterung mit uns – meinen beiden Brüdern und mir – teilen. Wie es in den Sechzigern so üblich war, nicht eben auf demokratischem Wege. Wir wurden nicht aufgefordert, wir wurden zur Arbeit eingeteilt.

Das Gras rechen nach dem Mähen, das Unkraut rupfen, die Wege harken: das ergab irgendwie noch Sinn. Doch mein Vater war sehr erfinderisch bei seinen Arbeitsbeschaffungsmaßnahmen. Und so sah ich mich in einem Frühjahr mit der Aufgabe konfrontiert, die welken Blätter von dreißig laufenden Metern Buchenhecke abzulösen!

Das ungläubige Staunen der gesamten Familie hielt ihn nicht davon ab. Die alten Blätter mussten runter, damit die neuen besser sprießen bzw. dabei besser zu sehen sind. Selbst mit Ironie (»Soll ich die im Wald auch alle abmachen?«) war er nicht zu bremsen.

Mehrere Jahre sah ich dem Frühjahr und der Entlaubung mit Grauen entgegen. Irgendwann war es dann vorbei. Die Blätter des Vorjahres durften so lange am Baum bleiben, bis die Natur ihnen den Weg zum Boden wies.

Was zum Meinungsumschwung meines längst verstorbenen Vaters führte, darüber rätseln wir noch heute. Meine Theorie: Die Hecke ist schneller gewachsen als ich. Während ich bei einem Meter zweiundfünfzig stehen blieb, erreichten die Buchen rasch die gewünschten zwei Meter. Mein zweiter Bruder hält dagegen: »Dann wäre der Vadder mit dir in eine Gärtnerei gegangen und hätte gefragt, ob sie was in deiner Höhe haben!«

Die Hecke steht noch immer. Mein ältester Bruder hat Haus und Garten übernommen. Wenn ich im Frühjahr dort zu Besuch bin, beteilige ich mich mit keinem Handgriff an der Gartenarbeit, fahre glücklich nach Köln zurück und erfreue mich am Wildwuchs neben den Bahngleisen und an meinen drei pflegeleichten Zimmerpflanzen.

Christa Becker

Blühtnurhinterdemspiegel

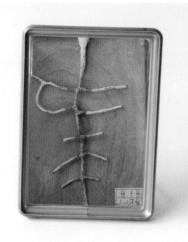

Gräser – zart und federleicht

Elegant, beweglich, grafisch, leicht, fein, weich, duftig, verspielt, zart, linear, aufrecht, filigran, transparent, malerisch. Gräser begegnen uns in der ganzen Welt auf Schritt und Tritt: Wiese, Wald, Wüste, Wasser. Gras ist die natürliche »Kopfbedeckung« von Mutter Erde. Antennen zwischen Erde und Himmel. Mit filigranen Strukturen fangen sie jeden Windhauch, jeden Wassertropfen ein. Wenn die Antenne beim Empfang rauscht und raschelt, lausche ich dem Pianissimo und dem Fortissimo, tauche ein in den endlosen Klang. Träumen und Grillengezirpe. Gräser in Bewegung bewegen mich.

Molinia ›Windspiel‹ begleitet meinen Blick aus dem Küchenfenster. Das ganze Jahr. Auf einer großen Fläche habe ich die Pfeifengräser in einem Raster von 150 × 150 cm gesetzt. Im zeitigen Frühling tauchen die saftig grünen Rasterpunkte aus einem blauen See von *Geranium* ›Orion‹ auf. Darin Hunderte *Camassia leichtlinii*, die mit ihrem grasartigen Laub so tun, als ob sie Gräser wären. Im Laufe des Sommers kristallisieren sich dann die wirklichen Gräser heraus. Die Fläche entwickelt sich zu einem See-Garten, der immer wieder aufs Neue Blickachsen eröffnet. Während die vorbeieilende Betrachter die Fläche als Wiese wahrnimmt, sucht mein Blick die Grafik der Diagonalen, die sich optisch aus den Rasterpunkten ergeben. Im Oktober macht dann das ›Windspiel‹ seinem Namen alle Ehre.

Miscanthus ›Morning Light‹ hält sein Versprechen, mit dem Morgenlicht zu flirten.

Und *Hakonechloa macra* ›Aureola‹ steht in Töpfen Spalier und fließt in weichen, goldenen Wellen über die Treppenstufen am Hauseingang.

Anja Maubach

Akropolis

Aus den Lautsprechern schepperte das »New York«-Lied und es roch nach Pommes frites an diesem lauwarmen Mittwochabend in einem Baumarkt in Frankfurt Niederrad. Der Markt war leer und die Kassiererin hatte sich eben ein Schälchen Fritten von draußen geholt, das sie neben einen großen Becher Cola auf den zwanzig Quadratzentimeter großen, freien Platz neben ihrer Kasse gezirkelt hatte. Nelly legte ein Setzholz auf das Transportband. »Vier neunundneunzig«, sagte die Kassiererin. »Den Zettel können Sie wegtun. Ich brauche keine Quittung. Und guten Appetit.« Nelly beeilte sich. Sie war froh, überhaupt ein Holz gefunden zu haben, denn die Regale waren noch mit Osterschmuck überfüllt, gelb-grüne Nestertürme, kräftige Hasen, lacküberkrustete Eier, alles zum halben Preis.

Nelly verließ den Baumarkt. Der warme Fettgeruch der Frittenbude stieg ihr in die Nase. Ob noch Zeit für einen Imbiss war? Sie schaute auf die Uhr. Zwanzig nach acht. Keine Zeit, entschied sie und steuerte auf ihr Auto zu, einen alten, dunkelblauen VW Lupo. Sie ließ den Motor an, rangierte aus der Parklücke und fuhr langsam vom Parkdeck herunter. An der Schranke bog sie rechts ab, dann noch einmal rechts, dann zügig auf die große Straße Richtung Zentrum. Plakate mit goldenen Flaschen Becks Bier flogen an ihr vorüber. Ihre Verabredung war um neun. Und sie wollte keine Minute zu spät sein.

Bei der Teambesprechung am Morgen hatten sie es aus dem Fenster regnen sehen. Die gute Ewa hatte eine Packung mit Fondant-Eiern mitgebracht, die nun auf dem Tisch in Pauls Atelier standen. Sie saßen um den Tisch herum und schauten sich ein Video an. Alle waren hoch konzentriert. Es ging um einen Maler in London, der mit Ölfarbe und Pinsel Landschaften auf festgetretene Kaugummi-Scheiben zauberte. In seinem

Parka lag der junge Mann bäuchlings auf dem Gehsteig. Sein Gesicht schwebte dicht über der Erde, während er die unsymmetrischen grauen Flecken ausmalte. Es berührte Nelly, dass seine Haare auf dem Pflaster hin und her schabten. Der Verkehr rauschte vorbei. Passanten beugten sich zu ihm herunter und sprachen mit ihm. »Schau dir das an, mitten in London«, sagte Paul voller Bewunderung. Wie auf dem Boden festgeklebte Briefmarken, dachte Nelly, der die Aktion sentimental vorkam.

Seit sie »Garden.org« beigetreten war, hatte ihr Leben ein anderes Tempo bekommen. Jeden Morgen trafen sie sich für eine Stunde. Pläne wurden durchgesprochen, Material wurde bestellt, das Netz mit Informationen beschickt. Und seitdem Nelly für das Akropolis-Projekt verantwortlich war, fühlte sie sich als Teil der Gruppe. Am Morgen hatten Tim und Ilona die Nachrichten auf Nellys »Akropolis-Blog« gesichtet. Aufmunternde Kommentare, einige Pflanztipps, Wettervorhersagen, Aufrufe zur Vorsicht. »Wenn wir einen schönen Garten irgendwo anders anlegen würden, wäre das zwar auch ein Garten, aber er würde nichts verändern«, hatte Nelly geschrieben. Sehr milde Temperaturen sollten Deutschland heute noch erreichen. Es war Zeit, die nächste Stufe anzugehen. Und Nelly hatte sich den ganzen Tag darauf gefreut.

Die Straße im Licht der Autoscheinwerfer schimmerte in der Dämmerung, aber der Regen hatte aufgehört. Nelly fuhr immer noch auf der geraden vierspurigen Straße stadteinwärts. Es war kaum Verkehr. Sie stellte das Radio an und gleich wieder aus. Sie wollte sich konzentrieren. Durch das Wagenfenster ließ sie frische Abendluft hereinströmen. Was für ein Geschenk, diese Feuchtigkeit. Ein euphorisches Gefühl machte sich in ihr breit. Ihr Kopf war kristallklar.

Zwanzig Minuten später war sie in der Nähe des Flusses angelangt und parkte ihren Wagen zwischen zwei Platanen unweit der Uferpromenade. Sie schaute sich um. Wie leer gefegt die kleine, abschüssige Straße mit schuhkastenförmigen Häusern aus den siebziger Jahren. Einen kurzen Moment überlegte sie, ob es besser war, bis acht im Auto sitzen zu bleiben. Aber was könnte ihr schon passieren? Es war jetzt fast dunkel. Sie klappte die Sonnenblende herunter. Von der hinteren Sitzbank nahm sie eine Plastiktüte mit der Aufschrift »Max Bahr«. Sie enthielt eine blonde Perücke, einen großen Beutel mit braunen Kugeln, die an Schokoladentrüffeln erinnerten und eine Taschenlampe. Die Perücke knisterte, als sie sie über den Kopf zog. Sie stopfte das Setzholz in die Tüte, knüllte sie zusammen und schob sie unter ihre Sportjacke. Als sie aus dem Auto stieg, hörte sie den Streu-Split unter ihren Schuhen knirschen. Sie schloss den Wagen nicht ab, streifte Handschuhe über und lief den Hang hinunter.

Ihr Ziel, die prächtige Villa, am Mainufer Nummer 17, war in der oberen Etage hell erleuchtet. Nelly überquerte die Strasse und postierte sich hinter einer riesenhaften Kastanie, schräg gegenüber der Villa. Was für ein Haus! Eines der schönsten Stadthäuser, das sie je gesehen hatte, reich verziert, der Baukörper ganz leicht gebogen, auf einer künstlichen Anhöhe, von einem kleinen Garten umschlossen. Nelly atmete tief ein. Sie sah auf einige frische Gehölze und Büsche.

Ein Schatten erschien plötzlich oben am Fenster und versetzte Nelly in außerordentliche Unruhe. Sie spürte ihre Halsschlagader pochen. In der Sekunde des Anblicks bildete sie sich ein, den schmalen Oberkörper von Tanja Wassermeier erkannt zu haben, ihre aufgepolsterten Schulterblätter, ihr hochgestecktes Haar. Sie meinte, ihre langen Ohrgehänge erkannt zu haben. Aber das musste sie sich einbilden. Warum sollte sie hier sein? Einige Atemzüge später trat Nelly ganz aus dem Schatten des Stammes heraus. Sie schaute noch einmal auf das Fenster. Niemand war zu sehen.

Genau unterhalb des Mittelfensters, an dem sie eben den Schatten einer Frau gesehen hatte, befand sich das große Esszimmer der Wassermeiers, das heute unbeleuchtet war. Zum ersten Mal hatte Nelly diesen Raum vor einigen Monaten betreten, zu jenem Abendessen bei Erich Wassermeier, Rechtsanwalt und Notar, das sie seither immer wieder Revue passieren ließ. Welchem Umstand sie diese Einladung zu verdanken hatte, konnte sie sich immer noch nicht erklären. Als Architektin, die aus Mangel an Aufträgen Artikel für die örtliche Zeitung schrieb, gehörte sie sicher nicht zum Ziel-Bekanntenkreis der Wassermeiers. Sie hatte Erich zufällig bei einer Veranstaltung der Zeitung kennengelernt, einem Streitgespräch über das Berliner Stadtschloss. Sie saßen in derselben Stuhlreihe. »Wann kommt er denn endlich zum Ende«, hatte er ihr zugeraunt. Ein kurzes Gespräch war entstanden. Sie teilte seine Meinung, was den Vortrag betraf. Erich Wassermeier war groß und korpulent. Er trug einen Gehrock und strahlte darin etwas Opernhaftes aus. Wenn er sprach, machte er auf Nelly einen verbindlichen, interessierten Eindruck.

Sie war überrascht, zwei Wochen später einen jener gefütterten, elfenbeinfarbenen Umschläge in ihrem Briefkasten zu finden, der auf eine private Note schließen ließ. Er enthielt eine Klappkarte mit eingedrucktem Briefkopf von Erich und Tanja Wassermeier. Eine abendliche Einladung, auf deren Rückseite sich folgendes Zitat fand:

Auch persönlich genommen ist ja die Kunst ein erhöhtes Leben. Sie beglückt tiefer, sie verzehrt rascher. Sie gräbt in das Antlitz ihres Dieners die Spuren imaginärer und geistiger Abenteuer, und sie erzeugt, selbst bei klösterlicher Stille des äußeren Daseins, auf die Dauer eine Verwöhntheit, Überfeinerung, Müdigkeit und Neugier der Nerven, wie ein Leben voll ausschweifender Leidenschaften und Genüsse sie kaum hervorzubringen vermag. (Thomas Mann: Der Tod in Venedig)

Die Privatsammlung der Wassermeiers bestand ausschließlich aus alter Kunst. Gemälde, Möbel, Bronzen, Schnitzereien und Porzellan des 17. und 18. Jahrhunderts. »Wir haben in diesem Haus praktisch nichts, was nach 1850 entstanden ist«, erklärte der Hausherr. Nelly erschien seine Stimme heute fester, als sie sie in Erinnerung hatte. Er trug eine große, unregelmäßig geformte Perle an seinem roten Samtrevers, die sie jetzt, im Rückblick, an die Kaugummiflecken des Londoner Straßenmalers erinnerte. Ewa Kron, die Haushälterin der Wassermeiers, nahm den Gästen flink, aber keineswegs beflissen, die Mäntel ab, während Tat-

jana Wassermeier im ersten Salon mit einem Champagnertablett auf sie wartete. Sie trug ein tintenfarbenes langes Schlauchkleid, das ab dem Knie stark ausgestellt war, und sie sah darin wie eine Schauspielerin aus.

Die Führung begann. Jeder vom Entree abgehende Saal hatte ein Thema – Amor oder Bacchus, Afrika oder China, Prometheus oder die Heiligen – selbst die frischen Seidenbespannungen der Wände waren mit ihren Motiven auf das jeweilige Motto abgestimmt. Nelly betrat den chinesischen Saal. Sie blickte auf angeleuchtete Wandteppiche, bestickte Umhänge, auf Schalen, Vasen, Schnitzereien. Mit ihren Augen versuchte sie sich zurechtzufinden. Es wimmelte von bemalten Hölzern, Elfenbein, Porzellan, Lack und Silber. Jede zur Verfügung stehende Fläche war mit exquisiten Stücken angefüllt. Geschwungene und gedrehte Figuren, Menschen und Tiere, auf Tischen und Kommoden, die mit komplizierten Einlegearbeiten versehen waren. Jede Wand, jede Ecke sorgfältig ausgeleuchtet, alles blitzte und leuchtete perfekt, kein Staubkorn war auf dieser alten Kunst zu sehen und keine schadhafte Stelle zu entdecken. Die Fülle war unermesslich. Noch einmal versuchte Nelly mit ihrem Blick irgendeines der Objekte festzuhalten. Und schon rief Erich Wassermeier in den nächsten Saal.

Er lief bei der Hausführung voran, sagte jedoch kaum ein Wort zu seiner Sammlung. Die Führung hatte er mit einem überraschend freimütigen Satz begonnen: »Diese Sammlung, das sind die Kinder, die meine Frau und ich nicht haben.« Aber nun beschränkte er sich darauf, Beleuchtungen ein- und auszuschalten oder mit Stoff bezogene Kartons von elektrischen Uhren, Telefonen oder Luftbefeuchtern zu nehmen. Er lächelte Nelly und den anderen Gästen schmunzelnd zu, bevor er die Hauben wieder über die Apparate stülpte. Er schien geübt in diesem Stülpen, sein gewaltiger Körper absolvierte das gekonnt, wie eine kleine sportliche Übung. Sonst aber überließ er die Gäste sich selbst. Die Sprachlosigkeit des Gastgebers war ungewöhnlich, denn Erich Wassermeiers Redefluss war eigentlich kaum zu bremsen. Schon während des Aperitifs hatte er zahlreiche Geschichten über die Stadtpolitik zum Besten gegeben. Nur seine Frau Tanja unterbrach ihn dabei lachend und ergänzte gelegentlich mit einem übertriebenen Singsang einige Namen oder das Alter oder Krankheiten der erwähnten Personen.

Die Gäste nahmen am Esstisch Platz, einer ovalen Tafel, sicher drei Meter lang, bedeckt mit unzähligen Gegenständen. Spiegelnde Goldteller, beeindruckende Besteckreihen, Halbkreise aus Kristall-Pokalen schmückten die Plätze, dazwischen Tiegel, Teller, Fläschchen, Schüsselchen, Stafetten von Porzellanfüllhörnern, aus denen sich Orchideen-Rispen auf den Tisch ergossen – wieder wurde Nelly unwohl, weil es ihr nicht ge-

lang, ihren Blick an irgendein Objekt zu heften. Es dauerte eine Zeit lang, bis sie das zentrale Stück der Tafel erfassen konnte, ein riesiges Oval aus Spiegelglas, das sich über die gesamte Mitte des Tisches erstreckte und die Gedecke der Gäste fast an den Rand drängte. Eine spiegelnde Bühne, auf der sicher hundert Porzellanfiguren in Posen verharrten oder wie in einem Park flanierten. Sie schienen in Gespräche vertieft, oder in Spiele, diese Porzellangäste. Eine Konkurrenzveranstaltung auf dem Tisch ist das, dachte Nelly und fragte sich gerade, wie sie diese Inszenierung kommentieren sollte. »Oh, da sind ja einige Pärchen dazugekommen, seit wir zuletzt eingeladen waren«, bemerkte ein Herr mit gemustertem Halstuch, der Nelly beim Eintreten die Hand geküsst hatte.

Die Unterhaltung bei Tisch hatte nur ein Thema gehabt – die Beutezüge des Ehepaars Wassermeier auf der Jagd nach Sammlerobjekten quer durch die Welt. Es schien dabei nicht nur um außerordentlich viel Geld zu gehen. Deutlich schwieriger noch als die Suche und der Kauf schien der Transport der Kunstwerke außerhalb ihrer Ursprungsländer zu sein. Zum Glück war Erich Wassermeier ein guter Anwalt.

Während der Hummer aufgetragen wurde, begannen die Wassermeiers das Thema zu wechseln. Die für Hausbesitzer übliche Ballade des Hausbaus begann. Wie heruntergekommen das Palais gewesen sei, in Wohnungen aufgeteilt, abgehängte Decken, darunter Schimmel, verrostetes Rohrwerk. Erich hatte für dieses Haus gekämpft. »Der freie Blick« sei immer sein Ziel gewesen, ein Satz, den er wie ein Mantra vor sich her trug. »Wir haben die Bagger kommen lassen, wegen des Blicks. Der ganze Umbau war mir nichts gegen das hier«, er zeigte auf die dem Fluss zugewandte Gartenseite. »Das hier konnte ich nicht ertragen, diesen ganzen Dschungel vor dem Haus, der alles verstellte. Man braucht einen freien Blick im Leben, ich brauche das. ›Kein Blick, keine Freiheit‹ sage ich immer.«

Nach dem letzten Gang wurde das Licht gedimmt. Man blieb am Tisch sitzen. Nellys Unwohlsein hatte sich etwas gelegt, die Gespräche vereinzelten sich. Mit dem Hausherrn hatte sie eine Unterhaltung über den neuen Museumsbau begonnen. Hier kannte sich Wassermeier aus, er schien geradezu in seinem Element. Einige Schweißperlen zeigten sich an seinen Schläfen, er war hellwach. Er wusste Bescheid über die statischen Probleme der Baugrube, er kannte die Budgets, er wusste, welche Entscheidungen im Stadtrat anstanden. Nelly konnte später nicht mehr genau rekonstruieren, wann Erich an diesem Abend zum ersten Mal seine Hand auf die ihre gelegt hatte. Zunächst hatte sie sich nicht einmal darüber gewundert. Es passte zu seinem jovialen Auftritt, wie seine manikürten Fingernägel und der Samtkragen. Sie hatte bemerkt, dass er auch Ewa tätschelte, während sie das Essen auftrug. Immer länger ließ er nun seine Hand auf der ihren liegen.

Einige Male zog sie ihre Hand unter der seinen heraus und sprach weiter, als wäre nichts geschehen. Als sich das Gespräch am Tisch wieder verbreitete und sie sich ihrem Gegenüber zuwandte, ließ Wassermeier seine Hand zunächst auf ihren Oberschenkel herabsinken, etwas später an ihrem Rücken ruhen, so als würden sie sich schon lange kennen und wären einander vertraut. Nelly hörte sich mit dem Halstuch über Porzellanfiguren sprechen. Er war Kunsthändler und Auktionator und sein österreichischer Akzent, den er – wahrscheinlich aus dem Gefühl einer gewissen Distanz zu der schmucklosen Aussprache der anderen am Tisch – mit einer übergenauen Artikulation noch verstärkte, lenkte sie ab. Dann kam der Aufbruch. Man sammelte sich in der Halle und während Nelly auf ihren Mantel wartete, richtete Wassermeier einen letzten Satz an sie. »Wollen Sie denn als Architektin eigentlich einmal weiterkommen«? hatte er sie gefragt.

Bei Garden.org hatte es keinen besonderen Grund dafür gegeben, das Projekt *Akropolis* zu nennen. Der Name war Ewa eingefallen, vielleicht weil das Haus auf einem Hügel stand. Alle Projekte hatten Decknamen – Tango, Mirabell oder Hyde Park. Vor drei Monaten, als die Wassermeiers zu ihrer großen Südamerikareise aufgebrochen waren, hatte Garden.org begonnen, mit Ewas Hilfe, ihr Haus und ihren Garten in einen Dschungel zu verwandeln. Sie waren zu sechst in diesem Projekt, zwei für die Moose, zwei für Schlingpflanzen und Farne, Ewa und Nelly für Bäume und Sträucher. Und alle sechs kamen heute Abend in dieses Haus, um im Schutz der Dunkelheit ihrer Arbeit nachzugehen. Die auf den Seidentapeten verteilten, mit Dünger und Feuchte besprühten Moossamen hatten sich inzwischen in prächtige Hängegärten verwandelt, aus denen Schlingpflanzen und Baumfarne herabhingen. Auch die Kronleuchter waren dick mit Moos bewachsen. Hier hatten die Samen der Würgerfeigen kräftig ausgeschlagen und warfen ihre Tentakel aus. Der Boden des ganzen Hauses war mit einem kräftigen Belag an Kriechpflanzen vollständig bedeckt, der inzwischen auch die geschwungenen Freitreppen hinaufgeklettert war und sich nun im ersten Stock ausbreitete. Anstelle des Esstisches wuchs ein mächtiger Kreis Bananenstauden heran, für den sie den Boden tief ausgehoben hatten. Mit dem Setzholz würde Nelly heute einige Bambusbomben platzieren.

Paula Henn

Wiesenwunsch

Mein Vater traute es sich zu, ein steiniges Grundstück inmitten städtischer Häuser und gegen den Willen der Vermieter, die diesen Platz lediglich zum Wäschetrocknen vorsahen, in einen Garten zu verwandeln. Er konnte schließlich die Bewilligung für ein schmales umlaufendes Blumenbeet ertrotzen. Dieses legte er von Monat zu Monat breiter an und weichte tatsächlich die Einwände der Hausherren so weit auf, dass er am Ende auf der kleinen verbleibenden Fläche Rasen einsäen durfte.

Eimerweise hatte er zuvor Schlacke von dem Trümmergrundstück abgetragen und Erde herangeschleppt – woher er die wohl hatte?

Der Grassamen musste angedrückt werden. Diese Prozedur fiel damals für mich in eine Rubrik, die Jugendliche heute mit dem Begriff »Fremdschämen« bezeichnen. Mein Vater lächelte und drückte damit zum einen Zuversicht aus, zum anderen war er sich wohl des lächerlichen Anblicks, den er bot, bewusst. Er hielt die Enden von zwei Kordelstücken fest, die er an zwei Brettern festgebunden hatte, auf denen er stand, und die die Auflagefläche der Sohlen seiner schönen geflochtenen Schuhe vergrößern sollten beim Festtreten der Saat.

Barbara Räderscheidt

Kriegsbilder

Diese kleinen Mulden
In die sie Lichtkegel setzen
Die sich beim Luftangriff ducken
Diese Feldherrenhügel
Deren Grün beim Sieg erbleicht

Ulrike Schweitzer

Für Ochs am Berg

Dass die Häuser in dem Viertel, in dem wir wohnten, auf Trümmergrundstücken standen, hatte ich immer wieder gehört. Der steinige Untergrund, eine Mischung aus Schlacke und zerbrochenen Backsteinen, machte das Spielen »auf dem Hof« wenig reizvoll. Wenn man lief, wirbelte Staub auf und legte sich auf Haut und Kleidung, wenn man hinfiel, zog man sich schlimme Wunden zu. Eines Tages hockte ich mich hin und legte mein Ohr dicht an den Boden. Dort gab es eine kleine Lücke im Geröll und ich behauptete, aus diesem Loch heraus Stimmen zu vernehmen. Im Krieg Verschüttete, behauptete ich. Katakombenbewohner, deren enge Atemkanäle an die Oberfläche bislang unentdeckt geblieben waren. Nun könnte man Kontakt aufnehmen und sie endlich retten.

Es gelang mir, meine Spielkameraden für die Idee zu begeistern und eine halbe Stunde lang war der triste Innenhof ein aufregender Ort.

Beim Mittagessen präsentierte ich die Geschichte meiner Familie, die sich wenig beeindruckt zeigte. Nachmittags trafen wir Kinder uns wieder im Hof und spielten »Eins zwei drei für Ochs am Berg«*.

Barbara Räderscheidt

* Ein kindliches Missverständnis. Das Spiel heißt eigentlich »Eins zwei, drei, vier, Ochs am Berg«.

Gartentag

Wenn Frühlingsnächte fast verrinnen
Hör ich aus dem Garten Stimmen.
Das gluckst und schnalzt,
Es trällert und balzt,
Erfüllt die Luft mit frischem Klang,
Sonnenaufgang
Sonnenaufgang.

Ismene lacht und Scilla strahlt,
Die Biene summt, das Crinum prahlt,
Es spreizt und quillt,
Es platzt und füllt,
Macht Raum zur süßen Blumengruft,
Der Blütenduft
Der Blütenduft!

Der Garten im Delirium,
Wie schön ist das Delphinium!
Es flackert und brüstet sich,
Die Calla entrüstet sich.
Der Rosenchor noch nicht verrauscht,
Der Gärtner lauscht ...
Der Gärtner lauscht.

Datura droht mit Dämmerung,
Ihr Duft bleibt in Erinnerung,
Die Nase kräuselt,
Nachtfalter säuselt
Gar lieblich jetzt im Abendlicht.
Der Gärtner schreibt
Ein Gartengedicht.

Herbert Rosner

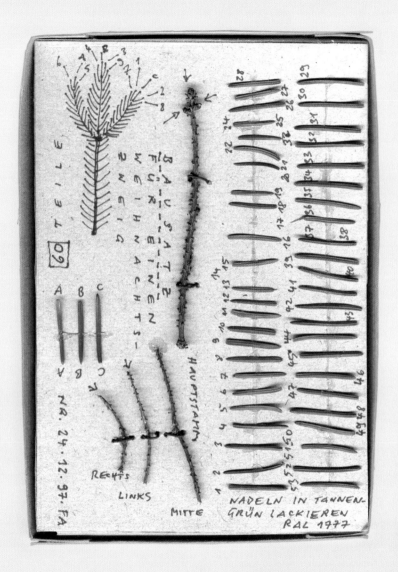

TEILE

BAUSATZ-TEIL
FÜR EINEN
WEIHNACHTS-
ZWEIG

09

A B C

HAUPTSTAMM

RECHTS
LINKS
MITTE

NR. 24.12.97. FA

NADELN IN TANNEN-
GRÜN LACKIEREN
RAL 1777

Die Farbe der Dinge

Grün waren die Uniformjacken der Männer vom örtlichen Schützenverein – grün ihre Hüte mit den weißen Federbüschen und grün ihre flatternden Fahnen. Grün war auch die Uniform des Dorfpolizisten. Sein Motorrad war grün und dunkelgrün die dicke Jacke des Jagdaufsehers, der mit seinem alten Fahrrad und dem geschulterten Gewehr durch die Felder streifte auf der Suche nach wildem Getier. Grün waren auch die Trikots der erfolglosen dörflichen Fußballmannschaft – grün die Wiesen und Gärten hinter den Häusern und grün die Felder ringsum bis weit an den Horizont.

Meine Mutter zog sich immer dann einen grünen, floral gemusterten Kittel an, wenn sie ihrer geliebten Gartenarbeit nachging. Von Weitem machte er sie zwischen den Stangenbohnen fast unsichtbar. In der Seitenstraße, wo der kleine Lebensmittelladen lag, hing neben dem Schaufenster ein grünes Emailleschild, das in weißer Schrift für ein selbsttätiges Waschmittel warb. Grün, so glaubte ich damals, waren die Augenpaare der Mädchen, die ich aus der Ferne erahnte und die ich mich nie aus der Nähe anzuschauen getraute.

In den Sommermonaten war die abgewetzte grüne Lederhose meines Vetters, die ich auftragen durfte, mein ganzer Stolz. Das starke Material machte mich beim Spielen eindeutig mutiger; es konnte jedoch nicht verhindern, dass ich mir beim Sprung über einen rostigen Stacheldrahtzaun, der eine Wiese einfriedete, das Schienbein blutig riss. Da lag ich dann mit Tränen in den Augen im hohen Gras und sah über mir am Himmel die Wolken unbekümmert vorüberziehen.

An Palmsonntag steckten die Leute frisch gesegnete Buchsbaumzweige an ihre Kreuze und fast alle Hoftore im Dorf waren dick mit grüner Farbe gestrichen, so als hätten die Bewohner zu keiner Zeit eine andere Farbwahl gehabt. Immerhin, Rot war der Feuerwehr und dem Karnevalsverein vorbehalten. Gelb der Post. An dem alten, aus schwerem Holz gearbeiteten Tor unseres Nachbarn haftete grün verblasste Farbe, die rissig und blättrig war. Windschief hing es in dem überbauten Torbogen. Die seitlich eingelassene Tür ließ sich schwer öffnen und gab dann knarrend den Blick frei in eine schattige Einfahrt, in der die Hühner während des Sommers oft genüsslich ein Staubbad in der trockenen, lehmigen Erde nahmen. In jedem Jahr klebten die Schwalben mit Vorliebe ihre Nester an die groben Deckenbalken. Das Gezwitscher der Jungvögel, die nach Futter gierten, sowie die Alten, die in akrobatischen Tiefflügen dicht über dem Boden sausten, begrüßten so den eintretenden Besucher. Nach wenigen Schritten stand er dann in dem kleinen aufgeräumten Hof, der von verschieden großen Gebäuden, Stallungen und Mauern aus Backstein umschlossen war.

Es roch nach Erde, Vieh, Heu und Mist. Manchmal mischte sich der Geruch von Karbolineum darunter – einem giftigen Holzschutzmittel, das, sobald es mir in die Nase stieg, heftige Kopfschmerzen hervorrief. Vielleicht war es dieser unangenehme Geruch, der mich damals daran hinderte, mich häufiger mit Norbert zum Spielen zu verabreden. Vielleicht war es aber auch der Neid, der mich jedes Mal befiel, wenn er mir sein wertvollstes Spielzeug vorgeführte: einen kleinen, grünen, nagelneuen Trecker, so groß wie eine halb geöffnete Erwachsenenhand.

Als ich ihn zum ersten Mal sah, beäugte ich ihn sprachlos von allen Seiten. Der Trecker war aus grünem glänzendem Plastik gearbeitet und hatte sogar eine lenkbare Vorderachse. Dicke schwarze Reifen umrandeten die roten Radscheiben und vorne auf dem Grill stand der Markenname »Deutz« in goldenen Buchstaben. In seinem Aussehen ähnelte er verblüffend dem Original, dem »D Fünfzehner Knubbel-Deutz« seines Vaters, der, wenn er gerade nicht damit auf dem Feld arbeitete, vor Regen geschützt in der Scheune stand. Norberts Kleinod war nicht zu vergleichen mit meinem starren Holzpferd, das auf einem grünen Brett mit kleinen Rädern stand und mir in unzähligen verspielten Stunden immer ein treuer Freund gewesen war. Es schien mir von nun an wertlos und musste ab da mit einem stillen abgestellten Leben in einem dunklen Schrank vorliebnehmen.

Dass ich den kleinen Trecker nicht anfassen, sondern nur aus gebührendem Abstand betrachten durfte, war keine böse Absicht. Nein, Norberts Verhalten entsprang eher seiner kindlichen Vorsicht, damit sein geliebtes Spielzeug bei eventuellen wilden Spielen keinen Schaden nehmen würde. War es doch etwas ganz Besonderes, etwas, das man nur geschenkt bekam, wenn man einen Vater hatte, der Bauer war und sich einen echten Trecker leisten konnte. Ich beneidete Norbert deshalb umso mehr, weil ich wusste, so etwas Einmaliges niemals zu besitzen, denn mein Vater war ja schon lange tot und lebte im Himmel – und meine Mutter würde sich nie einen Trecker anschaffen. Was sollte sie damit auch in einem Friseursalon anstellen? Ich hatte jedoch die Vorstellung, dass mein Vater, wenn er mich vom Himmel aus hier unten sehen würde – und das tat er gewiss, das wusste ich – von meinen Wünschen erfuhr, sich dann bestimmt auch einen echten Fünfzehner Deutz zulegen würde, um mir dadurch zu Weihnachten über das Christkindchen meinen Wunsch zu erfüllen.

Diese Vorstellung gefiel mir außerordentlich. Ich glaubte bisweilen fest daran und flehte sehnlichst, dass es so geschehen würde. Im Geiste sah ich meinen Vater mit dem Trecker über die Wolken knattern, manchmal sogar durch sie hindurch. Da oben war ja alles sauber und weiß, silbrig, golden glänzend und hell, wie ich wusste, und so würde er mit dem grünen Trecker mächtig auffallen. Die Blicke der himmlischen Heerscharen würde er auf sich ziehen – dessen war ich mir sicher. Alle Engel, die gerade nichts zu tun hätten, würden mit ihm vergnügt über die Wolkenberge fahren. Er würde von hier nach da einen Fahrdienst einrichten, sodass Maria und alle anderen Heiligen viel schneller dort ankämen, wo sie am dringendsten gebraucht würden. So hätte mein Vater eine Unmenge Freunde und Schwärme lachender Engel zögen während der Fahrt immer hinter ihm her.

Darüber sprach ich jedoch mit niemandem, denn ich wusste, keiner würde mich verstehen – der Pastor am wenigsten, denn der hatte noch nie in der Kirche über die Möglichkeit gesprochen, im Himmel Traktor fahren zu können. Auch von lachenden Engeln hatte ich eigentlich noch nie etwas gehört, geschweige davon, dass Gott vielleicht Trecker fahren konnte. Jesus, ja gut, ihm hätte ich das schon eher zugetraut, denn er sah auf den Heiligenbildchen im Gebetbuch so aus wie der von vielen Dorfbewohnern unverstandene und bisweilen verlachte Kunstmaler, der stolz und trotzig, anders als damals üblich, einen Bart und lange Haare zu dunkler Kleidung trug. Zu denken gab mir allerdings, dass ich ihn noch nie in der Kirche gesehen hatte.

Einmal hatte ich ihn und seinen Bruder beobachtet, wie sie wackelnd auf einem blauen, laut knatternden Lanz-Bulldog durch die ausgefahrenen Wegspuren eines mit Holunder gesäumten Hohlweges holperten. Als sie dicht an mir vorbeifuhren, zitterten die Erde und die Luft und ich sog ganz tief die mich umhüllenden blauen Abgase in meine kleine Lunge ein. Noch lange vernebelte der Rauch mir die Sinne und versetzte mich in einen angenehmen Schwindel. So musste es wohl jemandem ergehen, der unverhofft Jesus begegnete, dachte ich auf dem Heimweg und freute mich schon darauf, dass es so einmal geschehen könnte.

Aber Jesus da oben im Himmel hatte anderes vor und bestimmt keine Zeit für derlei Fahrvergnügen und Begegnungen. Er musste, so wie die Erwachsenen es verbreiteten, immer und überall gleichzeitig sein – und das konnte er wohl auch. Zudem war er unsichtbar und so bekäme ich ihn so schnell nicht zu sehen. Aber er sähe mich – immer. Wie sollte ich da Geheimnisse haben?

Es gab Tage, da wurde Jesus dringend gebraucht: nämlich dann, wenn der Lehrer in der Schule vor der olivgrünen offenen Tafel, über der ein Kreuz hing, einen Schüler wegen fehlerhafter Grammatik so lange mit einem dünnen Stock und hochrotem Kopf verdrosch, bis ihm die grauen Haare aus der Form gerieten. In diesen angstvollen Minuten hätte ich gerne gehabt, dass Jesus mal eben schnell vom Kreuz gestiegen wäre, um ein kleines Wunder zu vollbringen. Der Lehrer würde dann vielleicht zu Stein oder nur seine Hände, sodass er niemals wieder schlagen könnte, und alles wäre für immer gut. Der Herr Jesus aber rührte sich nicht und blieb ebenso unsichtbar wie fern.

Trotz der drohenden Kopfschmerzen besuchte ich Norbert eine Zeit lang unter jedem Vorwand. Wenn er mir dann auf mein Drängen hin sein begehrtes Spielzeug auf dem Küchentisch vorführte, den Lenker mit spitzen Fingern betätigte und dabei mit Begeisterung Motorgeräusche nachahmte, richtige Kurven und Kreise über dem Tisch drehte, mit Vorsicht um den Brotkorb fuhr, um sodann mit ernster Miene das Marmeladenglas zu umfahren und schließlich rückwärts mit triumphierendem Gesichtsausdruck neben der Butterdose punktgenau einzuparken, dann verspürte ich so etwas wie Glück in mir. Mein Neid verschwand für einige Minuten, so lange, bis Norbert seinen Schatz wieder sorgsam in der originalen Verpackung verstaute, um ihn dann in einem der hinteren Räume in Sicherheit zu bringen. Unter den wachsamen Augen seiner Mutter wagte ich nie, ihm zu folgen.

Zu Hause hatte ich mir Norberts Trecker aus dem Gedächtnis so exakt auf ein kariertes Blatt Papier gezeichnet, wie ich noch nie zuvor etwas dargestellt hatte. Alle Details, die ich mir gemerkt hatte, fanden ihren Platz: die Räder, die Lampen, der schwarze Auspuff, das Gitter um den Beifahrersitz auf dem oberen Schutzblech, der Lenker und die Gangschaltung. Manches war etwas zu groß geraten, weil es mir so wichtig erschien. Nichts fehlte und ich schrieb in großen sauberen Buchstaben darüber: Mein Trecker! Un dat doh ben isch! Ein roter Pfeil zeigte auf eine kleine grinsende Figur am Lenkrad, darüber eine strahlende Sonne mit weißen Wolken.

Jetzt besaß ich Norberts Trecker zumindest ein bisschen und heftete mit Reißzwecken das Blatt auf die vergilbte Tapete über meinem Bett, damit ich es immer sehen und davon träumen konnte. Wenn bei geöffnetem Fenster der Wind ins Zimmer blies und das Blatt an der Wand hin und her flatterte, dann hatte ich immer für einen kurzen Moment den Eindruck, dass der grüne Trecker zu fahren begann.

Nicht unerwähnt bleiben soll in diesem Zusammenhang meine Tante Änne, die zu jener Zeit in einem Kölner Versicherungsunternehmen als Sekretärin arbeitete und mich in regelmäßigen Abständen mit entwendetem Schreibpapier, langen grünen Stenografiestiften und einer Vielzahl von Buntstiften in Rot, Blau und Grün belieferte. Sie stieß dadurch meine Leidenschaft zu zeichnen und zu malen mächtig an und machte das kleine Meisterwerk an der Wand erst möglich.

Jahre vergingen seitdem. Norbert und ich verloren uns aus den Augen. Norbert wurde Lehrer und ich ein brauchbarer Zeichner. Eines Tages, als ich mit dem Rad die alten Wege meiner Kindheit nachfuhr, führten sie mich an dem kleinen Bauernhof von damals vorbei. Das alte grüne Tor gab es nicht mehr, es war jetzt aus braunem Kunststoff, stand weit offen und lud mich zum Eintreten ein. Der Hof war in den Grundzügen der gleiche geblieben, Tiere gab es keine mehr. Geräusche und Gerüche von damals waren nur noch eine blasse Erinnerung. Nur den alten Fünfzehner, den gab es noch.

Mit seiner grünen verkratzten Nase ragte er aus dem leeren Stall und ich sah Norbert in einem blauen Arbeitsanzug daran herumwerkeln. Wir begrüßten uns herzlich, wie man es macht, wenn man sich lange nicht mehr gesehen hat. Norbert bat mich ins Haus und nach einiger Zeit und einigen Schnäpsen verschwand er kurz aus der Küche. Als er zurückkam, trug er schwerfällig einen großen Karton. Er schob ihn auf den Küchentisch, öffnete ihn und ich sah zu meinem Erstaunen eine große Sammlung verschiedenster Schlepper, Trecker, Zug- und Landmaschinen – alle halb so groß wie meine Handfläche, alle sorgsam in Zeitungspapier eingewickelt. Wir packten sie alle aus und stellten sie in Reih und Glied auf den Tisch. Sein wertvollstes Stück kam zuletzt zum Vorschein. Es war der kleine grüne Deutz von damals, der noch in der Originalverpackung steckte und die Zeit wohlbehütet und unbeschadet überstanden hatte. Norbert drückte ihn mir lächelnd in die Hand. Jetzt durfte ich ihn endlich anfassen und für einen kurzen Moment hatte ich das Gefühl, wieder der kleine Junge von damals zu sein.

Im Übrigen: Mein Holzpferd besitze ich auch noch immer. Es steht jetzt auf einem besonderen Platz hoch oben im Regal und niemand darf es ohne Erlaubnis anfassen.

Theo Kerp

41

Altweiberjuliglut

Blütenlos
Die Grünflut

Schwalbenlos
Das Hochblau

Traumlos
Herzblattbrandrand

Doris Günther

Die Jugendherberge am Meer

Johanna war unterwegs von Wakayama nach Komatsushima. Dort war in ihrem Reiseführer eine Jugendherberge direkt am Meer eingezeichnet.
Sie musste zuerst mit dem Zug fahren, dann mit dem Bus zur Fähre und schließlich nach Shikoku übersetzen. Die Fähre fuhr nur einmal am Tag.
Bei der Überfahrt lag tiefer milchig weißer Nebel über dem Meer.
Die Straßenlaternen gingen schon an, als Johanna mit ihrem Gepäck eine trostlose Vorortstraße entlanglief. Die Fahrerin einer Konditorei, in der sie sich nach dem Weg erkundigt hatte, brachte sie mit dem Lieferwagen zum Busbahnhof.
Der Bus hielt nach einer Stunde an einem Wendeplatz. Sie war der letzte Fahrgast. Der Busfahrer stieg mit aus, um eine Zigarette zu rauchen. Vor dem weißen Licht des Busscheinwerfers tanzte ein gelber Falter.
Johanna stieg den Grashügel hinauf, bis sie plötzlich vor einem finsteren Betonbau stand, der nur spärlich erleuchtet war.

Sie öffnete die gläserne Eingangstür und kam in einen riesigen Raum, ausgelegt mit einem schmuddelig neongrünen PVC-Belag. Einige Tische und Stühle standen in dem Raum verteilt, andere gestapelt an der Wand. Im November war hier nicht viel los.
Aus der hintersten Ecke kam ein junger Japaner angeschlurft, der sich nach einem Zeichentrickfilm umschaute. Der Junge zeigte auf ein Paar grellgelbe Plastik-Hausschuhe und ein Schuhregal daneben. Er kritzelte ein paar japanische Zeichen auf ein Stückchen Papier. »Your room«, sagte er und deutete auf die Treppe.
Die kleinen Zeichen auf dem Zettel mit denen an den Zimmertüren vergleichend, fand Johanna ihr Zimmer schließlich im dritten Stock.
Als sie die Tür öffnete, erschrak sie. In einem der vier Betten saß eine alte Frau vor einem laufenden Fernsehgerät. Die Japanerin erschrak auch. Sie nickten sich verlegen zu.

Johanna suchte sich ein Bett aus und stellte ihren Rucksack ab. Vielleicht würde sie unten noch etwas zu essen bekommen.

»No, nothing to eat«, sagte der Junge, ohne den Blick vom Bildschirm zu wenden.
»Tea?«, fragte sie.
»Tomorrow morning«, sagte er.
Sie wartete.
Schließlich ging er widerwillig in die Küche und kam nach einer Weile mit einer Kanne heißem Wasser, einer Tasse und einem Teebeutel zurück.
Ein Mann kam zur gläsernen Eingangstür herein. Er trug einen schwarzen Anzug mit weißem Hemd und Krawatte. Er stellte seine Schuhe in das Regal, nahm sich ein Paar der grellgelben Plastikslipper und stieg die Treppe hinauf.
Johanna übergoss den Teebeutel noch einmal mit heißem Wasser. Dann holte sie ihre Schuhe aus dem Regal. Sie wollte doch das Meer sehen. Neben einem Paar fester Wanderschuhe, vielleicht von dem Fernsehjungen, stand jetzt ein Paar schwarz glänzender Herrenschuhe.
Sie trat in die Dunkelheit hinaus und ging um das Gebäude herum. Auf der anderen Seite lag eine kleine Meeresbucht.
Johanna setzte sich auf einen großen Stein und sah auf das Wasser hinaus. Die Steine kollerten gegeneinander, wenn die Wellen darüberschwappten. Unvermittelt stürzten ihr die Tränen in die Augen. Hinter den Wolken trat der Vollmond hervor, was die Bucht in ein klares Licht tauchte. Sie wischte sich die Tränen weg. Weit draußen sah sie eine Reihe von Lichtern auf dem Meer tanzen, weiß und gelb. Langsam beruhigte sie sich.
Als sich die Wolken wieder vor den Mond schoben, stand sie auf.

Auf ihrem Stockwerk fand sie hinter einer der Türen ein Bad. Heißes Wasser dampfte auf, als sie die Plastikabdeckung wegzog. Sie seifte sich auf einem Hocker kauernd ein, goss Wasser aus einem Plastikgefäß über sich und tauchte anschließend in das glühend heiße Wasser ein. Es schmerzte zuerst auf der Haut, dann spürte sie nur noch, wie sich die Wärme in ihrem Körper ausbreitete.
Als sie sich abgetrocknet und eingecremt hatte, ging sie in ihr Zimmer zurück. Die alte Frau hatte das Fernsehgerät ausgeschaltet. Sie sprach Englisch. Sie stellten sich vor. Abiko und Johanna. Sie werde am nächsten Tag ganz früh aufstehen, sagte Abiko. Sie sei Bergsteigerin und wolle mit ihrem Hund zum Akusan. Der Hund schlafe im Auto. Johanna holte ein Karte heraus und fragte, welche Berge Abiko schon bestiegen habe. Die alte Frau durchwanderte Japan mit dem Zeigefinger von Norden nach Süden und von Osten nach Westen.

Johanna war plötzlich nicht mehr müde. Selbst in Jugendherbergen gab es oft ein mit Tatami ausgelegtes Familien-Zimmer. Sie öffnete ein paar Türen, bis sie schließlich den Tatami-Raum fand. Es roch so gut, dass sie sofort ein grünes Reisfeld vor sich sah. Das Fenster ging zum Meer hinaus. Sie ließ sich auf einem Kissen nieder und begann sich auf ihren Atem zu konzentrieren.

Kaum spürte sie die Luft ruhig in ihren Körper ein- und ausströmen, hörte sie Musik. Flötenmusik. So leicht und klar, dass ungekannte Ruhe und Freude über sie kamen. Das musste eine Bambusflöte sein. Die Töne waren ganz einfach und Johanna wusste plötzlich, warum sie da war.

So saß sie wohl eine Stunde.

In dem Moment, als sie die Augen wieder öffnete, verklang die Musik.

War das nur Einbildung gewesen? Woher war die Musik gekommen? Johanna nahm ihr Schreibzeug, setzte sich an einen Tisch auf dem Gang, notierte die Ereignisse des Tages ... und wartete.

Nach einer Weile öffnete sich die Tür des Zimmers, das genau gegenüber dem Tatami-Zimmer lag. Gespannt schaute sie, wer herauskäme.

Es war der Mann mit den glänzenden Schuhen. Er trug jetzt einen schwarzen Hausanzug. Er nickte kurz, vertauschte die Holzschilder an den Türen und verschwand eilig mit seinen Handtüchern im Bad.

Als er wieder herauskam, sprach sie ihn an.

Ob er die Flöte gespielt hätte.

Er nickte schüchtern.

Sie sagte, sie wolle sich bei ihm bedanken, es sei ein Geschenk gewesen, ihm zuzuhören, und sie habe noch niemals so eine schöne Flötenmusik gehört.

»Thank you«, sagte er leise und verschwand schnell in seinem Zimmer.

Sie blieb sitzen und schrieb weiter in ihr Tagebuch, als sich die Tür wieder öffnete.

Der Japaner trat an ihren Tisch. Es freue ihn sehr, dass ihr seine Musik gefallen habe, sagte er. Er wolle sich vorstellen. Sein Name sei Yasumato.

»Johanna«, sagte sie und sie verbeugten sich beide leicht.

»Es gibt nicht viele Leute, die sich für diese Musik interessieren«, sagte er.

»Möchten Sie sich nicht setzen?«

Er schüttelte verlegen den Kopf. Aber ob sie ihm sagen könne, wo sie herkomme.

»Aus Deutschland«, sagte sie und er nickte. Sie erzählte ihm von ihrem Tag und warum seine Musik so wunderbar für sie gewesen sei.

Yasumato hielt den Kopf gesenkt und schaute sie nicht an. Ob sie das Instrument sehen wolle, auf dem er gespielt habe, fragte er. Johanna nickte erfreut. Er verschwand wieder in seinem Zimmer und kam mit einer langen Bambusflöte heraus und reichte sie ihr.

»Die Flöte ist mein bester Freund«, sagte er und jetzt setzte er sich. »Ich habe sie selbst gebaut.«

Sie nahm die Flöte vorsichtig in die Hand und betrachtete sie. Es war ein Bambusrohr, etwa einen halben Meter lang, hatte vier Löcher auf der Vorderseite, eins auf der Rückseite. Das Mundstück war schräg angeschnitten und mit honigfarbenem Lack bestrichen.

»Können Sie mir zeigen, wie Sie darauf spielen?«, fragte sie.

Er setzte die Flöte an den Mund und blies die ruhigen tiefen Töne, wie sie sie vorher gehört hatte. Das sei eine traditionelle Musik, sagte er, aber auf dieser Flöte könne man auch Jazz und Blues spielen. Man könne fast jedes Gefühl damit ausdrücken. Traurigkeit, Freude, Sehnsucht. Er kenne einen Amerikaner, der gesagt häbe: »Ich hasse Sonnenuntergänge« und daraus eine Komposition gemacht habe. Yasumato spielte: »Ich hasse Sonnenuntergänge«, und sie erkannte es und dann spielte er eine Sturmflut an der Küste und Johanna fühlte, wie die Flut über sie hereinbrach. Er selbst würde auch Musik schreiben, aber die sei nicht so aufgewühlt, sagte er und spielte wieder eine einfache tiefe Musik.

Wo er gelernt habe, so zu spielen, fragte sie.

»In Ägypten«, antwortete er. Als er noch jung gewesen sei – er musste jetzt um die fünfzig sein –, sei er viel gereist. So sei er auch nach Ägypten gekommen und acht Monate dort geblieben, weil er einen Mann gefunden habe, der ihm beigebracht habe, diese Flöte zu spielen. Es sei eine vereinfachte Shakuhachi, die ursprünglich aus Japan komme, die aber nicht mehr viel gespielt werde. Dieser Ägypter sei ein Meister darin gewesen. Seitdem würde er alleine weiterstudieren und habe seine Flöte immer dabei.

»Am Anfang war es nicht leicht, ihr einen Ton zu entlocken. Man muss sich erst anfreunden, sonst spricht sie nicht zu einem. Aber wenn sie einmal zu einem spricht, hat man einen treuen Freund gewonnen, der einen nie mehr verlässt.«

Wenn sie wolle, könnte er ihr auch eine bauen. Sie solle ihm ihre Adresse geben, dann würde er sie nach Deutschland schicken. Er habe noch Bambus auf seinem Balkon gelagert. Er wohne mit seiner Familie in Kobe und einige Rohre hätten lange genug gelagert, um sie zu verarbeiten.

Johanna strich über die Flöte. Sie würde sich sehr über sein Angebot freuen, sagte sie. Aber das könne sie nicht annehmen.

»Doch«, sagte er, »das kannst du!«

Er verschwand wieder in seinem Zimmer und kam mit seiner Visitenkarte zurück. Wenn Johanna nach Kobe käme, würde sie ihm und seiner Familie eine große Freude machen, wenn sie sie besuchte. Seine Frau würde besser Englisch sprechen als er, sie sei viel gereist. Aber seine Kinder hätten noch nie Kontakt zu Ausländern gehabt. Sie seien sehr schüchtern und wahrscheinlich wären sie geschockt, wenn sie Johanna träfen. »Du bist sehr offen. Ich möchte gerne meine Kinder schocken«, sagte er und lächelte still.

Sie schwiegen eine Weile.

Sie schaute auf seine Visitenkarte. Yasumasu Kaito, stand darauf – Crazy cats.

Das sei der Name der Band, die er mit ein paar Freunden habe, sagte er. In seinem Hauptberuf sei er Vertreter für Spirituosen.

»Warum hast du eigentlich vorhin das Schild an den Badtüren ausgetauscht?«, fragte sie.

Er lächelte. »Ich habe es umgetauscht, als du im

Bad warst. Du hattest das falsche Bad gewählt. Ich wollte nicht, dass du gestört wirst.«

»Oh, vielen Dank«, sagte sie verlegen. »Und warum bist du in diese Herberge gekommen?«

Yasu senkte den Kopf. »Um dich zu treffen«, sagte er leise.

Sie verbeugten sich voreinander und gingen schlafen. Es war schon tiefe Nacht.

Am Morgen stand Abiko noch vor Sonnenaufgang auf. Sie hatte alles vorbereitet, um nicht das Licht anmachen zu müssen. Sie wünschten sich leise gute Reise und Abiko verließ geräuschlos das Zimmer.

Als Johanna ein paar Stunden später zum Frühstück kam, waren zwei Tische in entgegengesetzten Ecken des Speisesaals mit jeweils einem Gedeck gedeckt. Die schwarzen Herrenschuhe standen noch im Regal. Der Plastikboden leuchtete an diesem Morgen geradezu frischgrün. Der Fernsehjunge brachte ihr Tee und eine Schale Reis mit Ei und eingelegtem Gemüse, als Yasu die Treppe herunterkam.

Er nickte ihr schüchtern zu. Johanna nickte vorsichtig zurück und er setzte sich an den gedeckten Tisch am anderen Ende der Halle. Er legte seine Flöte neben sich.

Als sie ihr Frühstück beendet hatte, nahm Johanna ein Päckchen in die Hand, überquerte die große Grünfläche und sah schon, wie Yasu den Blick senkte.

Sie wolle ihm ein kleines Geschenk machen, sagte sie, als sie an seinen Tisch trat. Eine Musik aus Deutschland. Es sei eine große Freude gewesen, ihn kennenzulernen.

In großer Not nahm er das Geschenk entgegen und sagte dann, ohne sie anzusehen, auch er habe ein Geschenk für sie. Yasu hielt ihr seine Bambusflöte entgegen.

Johanna klopfte das Herz. »Das kann ich nicht annehmen. Die Flöte ist dein Freund, das geht nicht«, sagte sie und kämpfte mit den Tränen.

»Doch«, sagte er. »Bitte!« Er schaute sie direkt an, was er vorher nie getan hatte. »Ich möchte, dass mein Freund dich begleitet. Es ist nicht ungefährlich, in dieser Zeit zu reisen. Nächstes Jahr ist das Jahr der Schlange. No good time for travel.« Er senkte wieder den Blick und sagte leise: »Und ich möchte auch dein Freund sein. Ruf mich bitte an, wenn du nach Kobe kommst. Ich würde dich gerne meiner Familie vorstellen.«

Benommen nahm sie das Geschenk entgegen und bedankte sich. Sie verbeugten sich tief voreinander. Sie ging zum Ausgang, wo schon ihr gepackter Rucksack stand. Sie verstaute die Flöte sorgfältig darin, zog ihre Schuhe an und trat nach draußen, wo sie jetzt einen Weg sah, der den Hügel hinunterführte.

Jeanette Randerath

49

Enklave
Ich fand im Park
meinen Namen wieder

die Tauben waren sprachlos
die Klettergerüste leer

alles ging vorbei

ich blieb sitzen
bis ich ging

Benno Zimmermann

Die Wolfschanze

Feindliche Flieger sollten ein ununterbrochenes Waldgebiet sehen und nicht vermuten, was unter den Bäumen lag: die sogenannte Wolfschanze, Hitlers Befehlsquartier. Im Juni 1941 bezog Hitler das neu erbaute Gelände bei Rastenburg in Ostpreußen, jetzt Kętrzyn in Polen, um von dort aus die Invasion Russlands zu lenken, und verbrachte mehr als die Hälfte der nächsten dreieinhalb Jahre dort. Hier traf er Entscheidungen, die Millionen Menschen das Leben kosteten. Es ist ein Ort des Grauens.

Ein zehn Kilometer langer Gürtel aus Stacheldraht und Minen umgab das zweihundertfünfzig Hektar große Gebiet. Im Wald verstreut, in drei konzentrischen Sperrkreisen gegliedert, standen Blockhäuser, kleine und große Wohnbunker, massive Luftschutzbunker, Ziegelbauten als Arbeitsräume, Baracken, Garagen, Kasinos, Lagerräume und Flakstellungen. Zeitweise lebten zweitausendeinhundert Menschen dort. Es gab einen Flugplatz und Bahngleise, Wasser- und Stromversorgung – eine Kleinstadt, die sich vollständig unter einer Tarndecke befand. Die Wege und Straßen säumten Holzgestelle, über die grün-braun gefleckte Netze gespannt waren. Die Gebäude hatten flache Dächer mit einer Vertiefung, in die Erde gefüllt wurde. Darauf wurden Gras und Sträucher gepflanzt. Die großen Bunker erhielten einen Putzüberzug mit einer Beimischung aus Holzspänen. Man strich andere Flächen mit Tarnfarbe und stellte künstliche Bäume auf. Die Planer und Architekten machten ihre Arbeit gut. Luftaufnahmen stellten fest, dass tatsächlich keine Bauten von oben sichtbar waren. Das Befehlsquartier blieb von Angriffen verschont und wurde von deutschen Pionieren zerstört, als die Rote Armee anrückte.

Wir fahren dorthin durch hübsche, leicht gewellte Landschaft. Schattige Lindenalleen führen zwischen sonnigen Feldern, wo der Weizen kurz vor der Ernte steht und Sonnenblumen ihre schweren Köpfe hängen lassen. Unmöglich, bei dem herrlichen Wetter nicht gut gelaunt zu sein. Das Terrain wird flacher und wir nähern uns einem dunkelgrünen Mischwald. Was uns an dem berüchtigten Ort erwartet, ist eine gut besuchte Touristenattraktion. Der Parkplatz ist klar ausgeschildert, das Gelände auf den Ansturm bestens vorbereitet. »Picknicken verboten« verkündet ein riesiges Schild, nur auf Deutsch. Wir schließen uns einer Busgruppe an und folgen ihrem polnischen Fremdenführer, der rückwärts über die unebenen Waldwege geht, seinen Kunden zugewandt, und eine gewaltige, von keiner Grammatik gelenkte Redeflut von sich gibt. Wir erfahren zahllose Einzelheiten. Links stehen die Reste der Baracken für Schutztruppen. Die Betonfundamente rechts gehörten den Garagen des Fahrdienstes. Hier war der äußere Zaun, dort eine Hütte für Wachposten. Drüben befand sich der Postraum, in der Lichtung hinten hatte die SS-Mannschaft ihre Kantine. Die umgestürzten Ziegelsteinmauern sind die Reste des Besprechungsraums, in dem Stauffenberg am 20. Juli 1944 sein Attentat verübte. In einem munteren Ton redet der Fremdenführer weiter. Um ihn herum ist ein Durcheinander aus Beton und Vegetation. Schösslinge wachsen durch die Fensterlöcher flach liegender Mauern, Gestrüpp und Unkraut breiten sich auf den Steinen aus. Goldene Strahlen beleuchten das Birkenlaub, Vögel zwitschern, Äste schaukeln in der leichten Brise, Blätter rauschen und seufzen.

Was spürt der polnische Fremdenführer, wenn er diese Fakten einem älteren deutschen Publikum erzählt? Er ist nicht mehr jung. Was erlitten seine Eltern, seine Großeltern unter den Nazis? Wenn ihn an diesem Ort Böses bedrückt, so lässt er es sich nicht anmerken und spult geschichtliche Daten in einem atemlosen Tempo hinunter.

Wir verlassen die geführte Gruppe und gehen tiefer in den Wald hinein. Im innersten Sperrkreis sind die Ruinen monumentaler, bedrohlicher. Die für Hitler und Bormann gebauten Bunker besitzen auch nach der Sprengung eine beklemmende Massivität. Die Wände aus grobem Beton sind einige Meter stark. Dahinter befindet sich ein Labyrinth aus schmalen Gängen und beengenden Kammern. Wir zwängen uns durch Einlässe in das Ungetüm hinein. Ich muss gebückt gehen und fühle mich bedrängt, erstickt durch das Wissen, dass sich acht Meter Beton über meinem Kopf türmen. Die Außenmauern umfassen mehr Kubikmeter Baumaterial als Freiraum. Die Räume sind feucht und riechen übel.

Hitler und sein Gefolge lebten monatelang ohne Unterbrechung in schlecht belüfteten, künstlich beleuchteten Betonbergen. Wenn sie vor die Tür traten, erlebten sie einen halbdunklen Wald, denn die schweren Tarnnetze versperrten den Blick zum Himmel. Ich trete aus dem Bunker, atme Tannenduft und höre den Vogelgesang. Sonnenstrahlen fallen schräg durch die Äste auf den weichen Waldboden. Die nächste Touristengruppe nähert sich bereits, die Farben ihrer bunten Sommerkleidung leuchten durch die Bäume. Unter freiem Himmel ist die Umgebung zu lieblich, das Geschehen am Gelände zu weit von den Ereignissen des Krieges entfernt, um das Grauen des Ortes auszudrücken.

Vier Monate später besuche ich die Wolfschanze wieder. Die ersten Januartage sind nasskalt. Kein Laub maskiert die grauen Betonbrocken, überdeckt die scharfen Konturen. Keine Urlauber laufen lässig über die Waldwege. Die Temperatur und die abweisende Kälte der Umgebung sind im Einklang. Die Nacktheit der gesprengten Bunker verkörpert Gewalt. Drei Meter dicke Betondecken sind zu Boden gestürzt und die aus ihnen herausragenden verrosteten Stahlstäbe muten wie gigantische Bürsten an. Zerborstene, in beunruhigenden Winkeln geneigte Wandscheiben ragen hoch in die Luft. Tannen wachsen in Rissen zwischen den Brocken und die Äste junger Birken krümmen sich um vorkragende Betonstücke herum. Die Natur hat es aber nicht geschafft, die zersprengten Bunker vollständig in Besitz zu nehmen. Die Mauern haben kein Moos angesetzt, die Verwitterung hat ihnen keine sanften Farben verliehen. Die Werke des Krieges verschmelzen nicht mit der Natur.

John Sykes

53

Gespräch am Grünschnittcontainer

Junger Mann: Steht mit seinem grünen VW-Bus am Grünschnittcontainer und lädt fünf große schwarze Säcke à hundertzwanzig Liter aus.

Ältere Dame: Fährt mit ihrem silbernen VW Golf rückwärts an den gleichen Grünschnittcontainer forsch heran und öffnet die Heckklappe. Aus einem makellosen, anscheinend noch nie benutzten, filzbelegten Kofferraum holt sie zwei Aldi-Tüten voll Grünschnitt heraus.

Junger Mann: »Hm, was Sie hier mit Ihrem Auto heranfahren, streut meine Mutter als Dünger in ihre Balkonkästen. Die hat einen achthundert Quadratmeter großen Garten, ganzjährig voll bepflanzt. Sie hat kein Auto und fährt nur Rad.«

Ältere Dame: Erhebt die Stimme und den rechten Zeigefinger. »Die hat bestimmt einen Sohn, der alles wegfährt.«

Junger Mann: Hebt auch die Stimme und die Augenbrauen. »Und wo ist Ihr Sohn?«

Ältere Dame: Senkt betrübt die Stimme. »Sie wissen doch, wie das ist. Wenn man die Kinder braucht, sind sie nicht da.«

Junger Mann: »Nein, das kenne ich nicht. Wenn meine Mutter mich braucht, bin ich da.«

Ältere Dame: Mit wachsendem Interesse: »Könnten Sie vielleicht samstags morgens meinen Grünschnitt in einer Tour mitnehmen? Ich habe auch immer kühles, biologisch gebrautes Bier im Haus.«

Junger Mann: »Nee, nee! Ich bin ja nicht Ihr Sohn.«

Günther Fiedler

12.1.95
Jc. E61 DB 601
Ch: 059013

31.1.95
Jc. E65 SC 6613
a. 805 135 II.

Retro Pink Grün

Schon im Jahre siebzig war
modisch das gefärbte Haar,
bunte Stoffe sah man gern,
Farbe war verdammt modern:
das Braun so blau,
das Rot so grün,
das Gelb so grau,
das Pink so schön.

Und im Jahre achtzig dann:
Partnerlook bei Frau und Mann.
Man mochte Farben jetzt gern hell,
zu Jeans, da trug man bleu Pastell;
auch Beige und Grau,
nicht Rot, nicht Grün,
nicht Gelb und Blau,
Rosé war schön.

Im Jahre neunzig wurd' es bös,
wir wurden alle seriös.
Nadelstreifen schwarz-rot-gold,
Hauptsache der Euro rollt.
Auch Braun und Grau,
nicht Rot und Grün,
das Weiß so blau,
nur Schwarz war schön.

Zehn Jahre nach Vereinigung
kommt die Zeit der Reinigung.
Farben werden würziger,
schön waren die Siebziger
mit Braun und Blau,
mit Pink und Grün,
mit Gelb, genau
wie Rot so schön!

Zwanzigstes ist nun vorbei,
und auch geschafft das Jahr null drei.
Probleme werden heftiger,
die Farben werden deftiger:
mit Graun und Rau,
mit Gink und Blün,
das Prot so grau,
das Blelb so kühn!

Herbert Rosner

Iktebach

Nur wenige Schritte vom Weg entfernt finden wir die Grundmauern eines quadratischen Gebäudes. Aus der Mitte des ehemaligen Raumes ragen Brennnesseln und anderes Buschwerk, die Steine sind von einer dicken Moosschicht überzogen. Außerhalb des ehemaligen Gebäudes wachsen Erlen und Pappeln. Es riecht nach frischem Grün und feuchter Erde. Eben noch hat es geregnet.

Totenstille, mitten im Frühling. Kein Vogel singt. Ein aufheulender Motor weit weg.

Hier im Lager Iktebach lebten von 1941–1944 bis zu 1.500 Zwangsarbeiter. Im nahe gelegenen Reichsbahnausbesserungswerk (RAW) arbeiteten die Kinder, Frauen und Männer aus Russland, der Ukraine und Polen. Am 29. September 1944 erfolgte ein schwerer Bombenangriff auf das RAW. Die Menschen wurden bei der Essensausgabe überrascht und da sie in den Schutzräumen keinen Schutz suchen durften, wurden viele von ihnen getötet oder schwer verletzt. Wie viele genau, weiß man nicht. Bis heute nicht. Die Chronik der Stadt Jülich spricht von bis zu vierhundert Toten.

Dort, wo wir stehen und wo die Natur ihr tröstendes Grün ausbreitet, liegen ihre Überreste in den Bombentrichtern. Eilig verscharrt, anonym, bis heute in »fremder Erde«. Erst seit 1985 gibt es, ein wenig abseits, ein Gedenkkreuz.

Auf unserem Heimweg sprechen wir kaum.

Nicht lange nachdem der schmale Waldweg in einen asphaltierten Weg übergegangen ist, kommt uns ein alter Mann in einem elektrischen Rollstuhl entgegen. Er ist allein. Sein Gesicht ist eingefallen, sein Blick geht ins Leere. Unser Gruß wird nicht erwidert, schweigend fährt er an uns vorbei. Wir drehen uns nicht um.

Evelyn Meessen

Hexenherbst

Ich weiß es, ach
Im Herbst erheben die Bäume
Blattblutgoldlitaneien

Ich verwandle zum aberwitzigsten Male
Meinen Besen in Kehraus
Und verneige mich tief
Dem Feuerrausch der Fliegenpilze

Heimlich bebend
Sprenge ich Wurzeln
Vermähle Arme und Haar
Schwarzkarstigen Schalen
Doch träume
Zu retten fliegendes Grün

Doris Günther

Dä Jääsch kütt –
öffentliche und private Grünanlagen
als Horte der Erinnerung

Zusammen mit anderen Jungen habe ich Ende der vierziger Jahre in der Nähe des Hültzplatzes jeden Nachmittag auf einer großen Wiese, die heute noch von einem Rondell eingefasst ist, Fußball gespielt. Dort durfte man aber nur Handball spielen, weil dies die Wiese weniger beeinträchtige. Auf der hubbeligen Wiese konnte man aber gar nicht Handball spielen. Wir spielten also Fußball. Sah aber irgendjemand von uns Kindern von Weitem den zuständigen Waldhüter kommen, so schrie er: »Dä Jääsch kütt!«, und sofort wurde Handball gespielt. Der Wechsel funktionierte so reibungslos, dass es diesem Kinderschreck nie gelungen ist, uns den Ball wegzunehmen. Dies wäre eine Katastrophe gewesen, weil damals nur wenige Kinder einen Fußball besaßen.

* * *

Als Junge habe ich es wie Missbrauch empfunden, dass ich als ältester Sohn immer wieder den Rasen an meinem Elternhaus habe mähen müssen. Insofern beeindruckte es mich, als ich Mitte der sechziger Jahre bei einem Kölner Professor auf einen ebenerdigen Balkon geführt wurde, von dem aus der Garten nicht betreten werden konnte, weil die Grashalme mannshoch gewachsen waren. Diese absolute Wildnis wurde von den Nachbarn ebenfalls als vorsätzlicher Missbrauch angesehen und die Familie des Professors auf der Straße nicht gegrüßt.

In § 1 Ziffer 6 der Kölner Grünflächenordnung heißt es: »Jede öffentliche Grünfläche wird in das Verzeichnis der öffentlichen Grünflächen mit Bestimmung der Lage, Grenzen und besonderen Benutzungsarten eingetragen.«

Ich kenne jedoch eine nicht eingetragene Grünfläche! Diese Grünfläche bringt es an der längsten Stelle auf nur 582 Zentimeter und an der breitesten Stelle auf nur 269 Zentimeter. Sie befindet sich in Lindenthal vor dem Haus Heinestraße 3–5. Sie ist ewiger Schandfleck auf der ohnehin stark befleckten Weste der Kölner Stadtverwaltung. Ich entdeckte dieses mit Bordsteinen eingefassteWiesenstück Ende der siebziger Jahre an einem Novembertag, als ich in der Heinestraße einen Parkplatz suchte. Die Straße wurde von Straßenarbeitern blockiert. Als ich fragte, was in der Straße verändert werde, wurde mir geantwortet, man habe noch 85.000,00 DM in der Kasse, die man am Jahresende an den Stadtsäckel zurückzugeben hätte, wenn dieser Betrag nicht schnellstens verbaut werde. Andernfalls trete im nächsten Jahr eine Kürzung um diese 85.000,00 DM ein; man wolle daher noch schnell die kleine Heinestraße mit begrünten wechselnden Parkflächen versehen; dafür reiche der genannte Geldbetrag gerade noch aus. Diese Nachricht gab ich sofort telefonisch an den damaligen Oberstadtdirektor weiter und beklagte solche, auch in anderen Stadtbezirken praktizierte Geldverschwendung. Schon eine Stunde später war kein Straßenarbeiter mehr zu sehen. Nur das gerade fertiggestellte allererste Dreiecks-Stückchen blieb als grüner Denkzettel zurück. Ein kleiner weißer Hund, der keiner Rasse zugerechnet werden kann, pisst dort täglich in sein Lieblingsgrün. Zwei dicke Rundpflöcke ragen aus der Geldversenkungsfläche noch heraus.

Louis Peters

Spiel und öffentlicher Raum

Mit ihren Urban Games schafft Karin Damrau urbane Situationen, die jedem und jeder – egal welchen Alters – Tag und Nacht zugänglich bleiben. Ihre Stadtspiele, die eine Mischung aus Kunst im öffentlichen Raum und öffentlichen Spielobjekten zur Förderung der Urbanität sind, beantworten Fragen, ohne die ein Zusammenleben unmöglich wird: Wie können die Bewohner einer Stadt die Signale und Informationen, die jene permanent und überallhin sendet, bewusster erkennen? Wie können sie lernen, sie zu unterscheiden, zu lesen und zu deuten? Ist es möglich, diese Zeichen als Stadtmensch aktiv zu beeinflussen? Unsichtbare Fäden verbinden rätselhafte Ursachen mit unerwarteten Wirkungen, die am anderen Ende der Stadt sichtbar werden: Auf einmal leuchten die Schlossfenster, wenn man sich auf eine Bank im Schlosshof setzt (Gute Nacht); in einem anderen Viertel werden Klänge und Geräusche plötzlich hörbar, die am Ende der Stadt entstanden sind (Jukebox); die Bewegung der öffentlichen Stadtwaage auf dem Stuttgarter Marktplatz wirkt sich unmittelbar auf die Bewegungen einer in Köln sich befindenden Waage aus; die öffentliche Wiese wird privat und zugleich Spielfeld für Spiele, die noch zu erfinden sind.

Im Umgang mit Karin Damraus Urban Games bringen die Passanten die Orientierungspunkte der Stadt durcheinander und werden sich ihrer eigenen urbanen Realität anders bewusst. Nach diesem spielerischen Umweg verstehen sie ihre Stadt besser und genauer, erleben sie nicht mehr als Konsumenten, sondern als urbane Menschen. Schließlich entdecken sie für einen Augenblick die glückliche Stadt, die sich hinter der unglücklichen Stadt versteckt.

Jean-Baptiste Joly

Himmel und Hölle

Wenn es um die Definition des Begriffes »öffentlicher Raum« geht, so gehen die Meinungen auseinander. Der Stadtsoziologe Peter Arlt stellt beispielsweise die These auf, dass es den öffentlichen Raum als einen für alle jederzeit frei betretbaren, frei zu nutzenden und gesellschaftlich integrativen Ort nie gegeben hat. Dies sei ein bürgerliches Konstrukt, auf das sich hartnäckig alle berufen. Andere fordern einen weniger rigiden Umgang mit der Begrifflichkeit. Öffentlicher Raum lasse sich nicht ein für alle Mal definieren, denn er unterliege einem beständigen Wandel. Er konstituiere sich erst durch seine Belebtheit und entstehe nur durch Nutzung.

Wer nutzt den öffentlichen Raum? Immer wieder wird beklagt, dass in Zeiten unbegrenzter digitaler Kommunikation der öffentliche Raum einen Bedeutungsverlust erfährt, wir im öffentlichen Raum keine Gespräche mehr führen. Aber gerade das seit der Fußball-WM bekannte Phänomen des »Public Viewings« zeigt, dass wir offensichtlich doch das Miteinander brauchen. Der Volkskundler Gunther Hirschfelder geht soweit, zu behaupten, dass wir den öffentlichen Raum brauchen, um als kulturell geprägte Wesen überhaupt leben zu können. Public Viewing führt nach seiner Auffassung zu einer Art Renaissance der Stadtkultur.

An diesem Punkt setzt die Projektreihe Stadtspiele – Urban Games an, die während eines Aufenthalts an der Akademie Schloss Solitude in Stuttgart im Jahr 2006 entstand. Die Arbeiten setzen sich auf spielerische Weise mit den Qualitäten des öffentlichen Raumes auseinander. Insgesamt umfasst die Reihe fünf Spielstätten in den Städten Stuttgart und Köln: die Arbeit Himmel und Hölle auf dem Gelände des Schlosses Solitude in Stuttgart, die Arbeit Gute Nacht, Stuttgart für das Neue Schloss, die ortsübergreifende Arbeit Stadtwaage für Stuttgart und Köln, die Arbeit Jukebox für den Wallraff-Richartz-Platz in Köln und die Arbeit Gute Nacht, Köln für das Kölner Museum für Angewandte Kunst.

Durch die Einführung temporärer Installationen wird die Möglichkeit geschaffen, im öffentlichen Raum aktiv zu werden. Das Spiel, als grundlegende menschliche Aktivität, hat dabei das Potenzial, verfestigte Strukturen zu durchbrechen und neue Sinnzusammenhänge hervorzubringen.

Die Stadtspiele animieren dazu, automatisierte Bewegungen zu unterbrechen und städtische Phänomene und Paradoxien wahrzunehmen. Sie schaffen auf unverkrampfte Weise die Möglichkeit, einander zu begegnen, sich kurzzeitig zusammenzuschließen, ohne sich zu nahe zu kommen. So kann man gemeinsam spielerisch einen Wettkampf bestreiten, zusammen mit der nächtlichen Ästhetik der Stadt in Interaktion treten oder die Felder der Installation Himmel und Hölle interpretieren und bespielen.

Die Installation Himmel und Hölle war im Juli 2007 auf dem Gelände des Schlosses Solitude für einige Tage zu sehen und zu benutzen.

Da, wo sonst Futtergras für die Tiere der Stuttgarter Wilhelma wächst, entstand eine parkartige Spielfläche. Bis die Wiese zu hoch und die Linienzeichnungen vom Regen weggewaschen waren, eroberten Ausflügler und Schlossbesucher Spielfelder, positionierten Stühle an Linien, wandelten durch die Rasenzeichnung und richteten sich für ein paar Stunden in ihrer Interpretation ein.

»... und er [der Mensch] ist nur da ganz Mensch, wo er spielt.« *Friedrich Schiller*

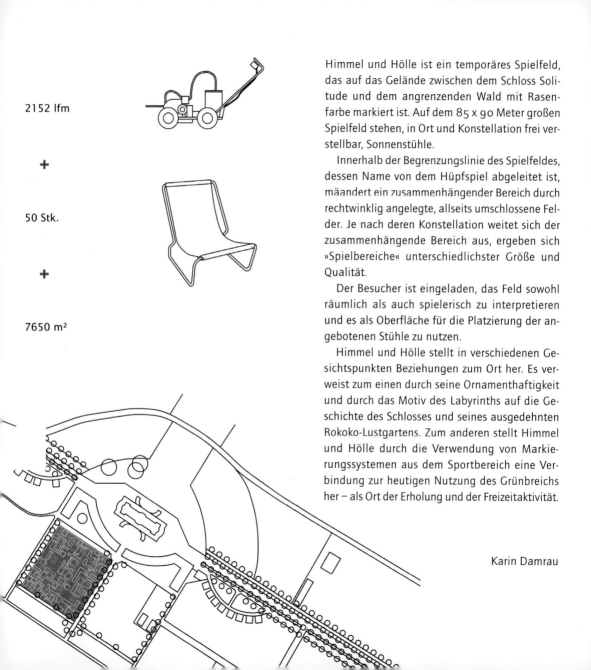

2152 lfm

+

50 Stk.

+

7650 m²

Himmel und Hölle ist ein temporäres Spielfeld, das auf das Gelände zwischen dem Schloss Solitude und dem angrenzenden Wald mit Rasenfarbe markiert ist. Auf dem 85 x 90 Meter großen Spielfeld stehen, in Ort und Konstellation frei verstellbar, Sonnenstühle.

Innerhalb der Begrenzungslinie des Spielfeldes, dessen Name von dem Hüpfspiel abgeleitet ist, mäandert ein zusammenhängender Bereich durch rechtwinklig angelegte, allseits umschlossene Felder. Je nach deren Konstellation weitet sich der zusammenhängende Bereich aus, ergeben sich »Spielbereiche« unterschiedlichster Größe und Qualität.

Der Besucher ist eingeladen, das Feld sowohl räumlich als auch spielerisch zu interpretieren und es als Oberfläche für die Platzierung der angebotenen Stühle zu nutzen.

Himmel und Hölle stellt in verschiedenen Gesichtspunkten Beziehungen zum Ort her. Es verweist zum einen durch seine Ornamenthaftigkeit und durch das Motiv des Labyrinths auf die Geschichte des Schlosses und seines ausgedehnten Rokoko-Lustgartens. Zum anderen stellt Himmel und Hölle durch die Verwendung von Markierungssystemen aus dem Sportbereich eine Verbindung zur heutigen Nutzung des Grünbreichs her – als Ort der Erholung und der Freizeitaktivität.

Karin Damrau

Mainperser/Rheinperser

Mein Name ist Golbarg Tavakolian. Ich bin Produktdesignerin und Künstlerin, lebe und arbeite seit Jahren in Köln. In meinen Projekten befasse ich mich hauptsächlich mit kulturellen Kreuzungen zwischen Deutschland und Iran.

Als in Deutschland aufgewachsene Perserin trage ich beide Kulturen in mir, kann mich jedoch mit keinem einzelnen Produkt aus den beiden Welten richtig identifizieren. Aus diesem Zustand schöpfe ich meine Motivation und Kreativität, um Produkte für die »Mischgeneration« zu entwerfen. Produkte, mit denen sich die »kulturellen Hybriden« gut identifizieren können, die jedoch auch für jeden anderen gut zugänglich sind.

Als Leitmotiv meiner Arbeiten habe ich mir auch das Zusammenspiel zwischen Moderne und Tradition gesetzt.

Mein Projekt Mainperser/Rheinperser ist eine temporäre Installation. Umweltverträgliche Farben werden auf einen Untergrund wie beispielsweise Gras oder Stein gesprüht. Durch mehrere Schablonen mit unterschiedlichen Mustern entsteht nach und nach ein einmaliger Perserteppich. Der mit Farbe »gewebte« Teppich symbolisiert auf einzigartige und philosophische Weise die Verschmelzung von Orient und Okzident und bildet eine kulturelle Brücke zwischen alter und neuer Heimat.

Dieses Kunstwerk verkörpert auf moderne, abstrakte Weise ein Stück klassische persische Tradition.

Der Mainperser/Rheinperser knüpft für die Betrachter ein Stück Lebensart! Er wurde seit 2008 an acht Orten realisiert, unter anderem in Köln, Frankfurt/Main, Offenbach, Schlosses Loersfeld/Kerpen, Baden, Solingen und Jülich.

Golbarg Tavakolian

Die Bleich

Die Gärten hinter den Siedlungshäusern waren dafür kaum geeignet. Auch Schrebergärtner hatten es damit nicht leicht. Die einförmig grüne Fläche fehlte. Es mangelte an dem großen Rasenstück, der weiten Wiese.

Zu reden ist hier von der »Bleich« oder im Einheitsdeutschen: von der »Bleiche«, die einer gemähten, ausreichend bemessenen Grünfläche bedurfte. Außerdem brauchte sie das strahlende Licht der Sonne. Ein Bach als Beigabe war immer willkommen.

Gebleicht wurden die großen Bettlaken, deren Maße mal Anzahl die Größe der Bleiche ergab. Eine durch die Aussteuer der Braut gut ausgestattete Familie besaß drei Sätze an Bettwäsche, ein Satz in der Truhe oder im Schrank, ein Satz auf den Betten, ein Satz in der Wäsche, macht bei einer achtköpfigen Familie – Eltern und sechs Kinder – achtundvierzig Betttücher, von denen immer sechzehn in der Wäsche waren. Die Laken ergeben eine Fläche von über sechzig Meter im Quadrat.

Nach der Wäsche, die in der Regel alle vier Wochen mittels Wasser und kerniger Seife stattfand, musste die gewaschene Wäsche getrocknet werden. Die züchtige Hausfrau, die Mutter der Kinder, trug mit ihren kleinen Gehilfinnen und Gehilfen die Wäschekörbe aus der Waschküche nach draußen zum Trocknen. Kleinere Wäschestücke kamen auf die Leinen. Die großen Stücke – und jetzt kommt die Bleiche – legten die Wäscherinnen mit fleißigen Händen auf die weite Wiese, breiteten sie aus. Zuvor jedoch warfen die Wäscherinnen die gewrungenen Bettleinen auseinander. Sie zogen die Laken in der Quere, strafften sie im Diagonal; die Kette ächzte, der Schuss stöhnte im Gewebe. Die Sonne brannte auf die ausgelegten Leinentücher, zog Restfarbe aus den Laken, machte sie bleich, blank, also sauber. Beim Trocknen wurde die Wäsche weiß. Wenn die Sonne allzu sehr brannte oder der Wind allzu sehr wehte, befeuchteten die Wäschewärterinnen die Stoffe aus der Gießkanne, aber nass durfte das Angetrocknete nicht mehr werden. Aufheller, Bleichmittel aus der Tube oder als Pulver, gab es nicht – und sie waren auch nicht nötig.

Die Sonne musste nur scheinen, die Vögel des Himmels mussten beim Bleichen der Wäsche eine andere Route fliegen und spielende Kinder mussten vertrieben werden, damit das Vorhaben gelang.

Ausgebreitet machten die Laken die grüne Fläche zur grün-weißen Landschaft, in der das Grün das Weiß abgrenzte: Der Weiß-Grün-Kontrast prägte zur Wäschezeit die Landschaft allgemein, im Bergischen zeigten die Fachwerkhäuser mit ihren Balken die Trikolore Schwarz-Weiß-Grün ganzjährig.

Das ganze Jahr über wurde Wäsche gewaschen. Auch an Wintertagen scheint die Sonne oft kräftig, was Wintersportler mit gebräunten Gesichtern gerne demonstrieren. Die Wäsche kam auch an Wintertagen ins Freie, sie dampfte die Nässe aus, während die Sonne bleichte. War es bitterkalt, froren die Laken zu Leinenbrettern, was willkommen war. Die Fasern des Linnens brachen beim Falten und Einrollen der Tücher. Die Stoffe wurden weich. Die Menschenhaut dankte es dem Frost. Die Kälte machte geschmeidig, weich machte die Härte.

Nach dem Trocknen und Bleichen wurden die Laken auf Hölzer gerollt. Das Bügeln ersparte sich die Hausfrau, sie verstaute die gepresst gerollte Wäsche im Schrank oder der Truhe. Das ist aber schon ein anderes Thema.

Die Wäscherecks in den Höfen der Wohnblocks der Städte lösten die Wiesen als Bleiche ab. Die Laken trockneten senkrecht im Wind. Die Sonne schien schräg, hatte weniger Angriffsfläche auf das Grau. Der Wäschetrockner hat »die Bleich« vergessen gemacht.

Bruno Ockenfels

ス・ラナジャイ

この多年生植物の主茎は短く這うような形をしており、匍匐枝はない。
ス・ラナジャイの葉芽は茸に似る形態をしているが草本であり、チベット高原に原生している植物である。

ス・ラナジャイは20年ごとに開花し、花弁は刻々と赤色から濃紺色に到るさまざまな色調に変化する。
この蕾が開き始めると甘い芳香が立ち昇り、これには強い幻覚効果がある。
その為ス・ラナジャイの花が高原を埋め尽くす時期に、その傍に長時間留まるのは大変危険であり、避けるべきである。

ス・ラナジャイは根茎から特別な色の染料が得られるため、草木染料材として大変珍重されている。
この色素は光に反応し、これで染めた布は周囲の光の状況によって色調を変えてゆくという性質を持っている。

この植物は受粉が完了した後、数時間の内に全草が地下に潜ってしまう。
突然消失してしまう為、ス・ラナジャイの根を捜し求めるのは実に困難であり収穫は大変手間のかかるものなのである。

福島　世津子

Su-Ranajai

Das ausdauernde Kraut besteht aus einer kurz
kriechenden Grundachse ohne Ausläufer.
Der Keimling sieht aus wie ein Pilz, aber Su-Ranajai ist
eine Krautpflanze.
Sie wächst ursprünglich auf den Hochweiden im Tibet.
Sie blüht alle zwanzig Jahre und verändert von Zeit zu Zeit
die Blütenfarbe in den Übergängen von Rot bis
Dunkelblau.
Wenn sie ihre Knospen öffnet, strömt süßer Duft aus
dem Blütenkelch, der halluzinogen wirkt.
Der lange Aufenthalt in den blühenden Weiden ist
deshalb gefährlich und es ist davon abzuraten.

Die Wurzeln von Su-Ranajai sind wegen dieser
ungewöhnlichen Farbe als Färberpflanze begehrt.
Der Farbstoff von Su-Ranajai reagiert auf Licht.
Der damit gefärbte Stoff ändert seine Farbe je nach
Lichtverhältnissen.

Nach der Blütenbefruchtung zieht sich die ganze Pflanze
in die Erde zurück.
Es dauert oft nur wenige Stunden.
Weil die Pflanzen plötzlich verschwinden,
findet man die Wurzeln mühsam und selten.

Setsuko Fukushima

Theaterskizzenbücher
2007/2009

Edelmann

29. Mai 200[?]

Das Treibhaus

*vielleicht auch viele Bäume
mit vielen Figuren*

*die ebene
gemüse
mit verrückten*

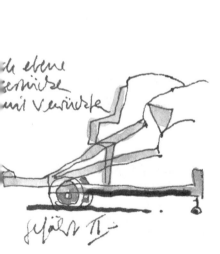

gefährt II

Die Frage ist - was ich wollte
auf der Szene stehen lasse.

Das ganze Puer lassen und
nur spärliche Farbe einfliessen
lassen.

291

Schöne Überleitg von konkret z Abstrakt

Frau erscheint kurz vor ihr Mond rein- komisches Gestell raus.

viele Objekte wandern kurz her. –

Hintergrund ändert sich zur nächsten Szene

In der Familie das Thema?.

unterhalten —
zeit —
warten —
rille —
rennen

Geräusche —
Ein Schul klang
Sowie mit
Distant
voices —
shell feip

Was passiert vorne oder hinten? —

Grün

Für die Jahresbilanz
Von Gewinn und Verlust
Fressen sich hochauflösende Bilder
In die graue Wolkendecke

Sie weiß nicht
Ob die verborgenen Tiere
Im Winter weinen
Sie kann es nicht kennen
Dies lautlose Atmen kleinster Kristalle

Wenn dann am nächsten Morgen
Ein weißes Tuch
Kleinen Menschen winkt
Und die Wäscheleinen
Wie früher
Montags gefüllt werden

Wenn sich lange Schlangen
Vor der Abreise bilden
Dann trennt endlich
ein breiter Grünstreifen
Das Kommen vom Gehen

Ulrike Schweitzer

Grün beruhigt

»Guckt ins Grüne, das beruhigt.«, sagte meine Mutter und schrie im selben Moment laut auf, sodass wir alle zusammenfuhren. Sie hatte sich auf ein Holzgeländer gestützt und dabei die Wespe nicht bemerkt, die eben dort Platz genommen hatte und sie nun in den Unterarm stach.

Barbara Räderscheidt

Internationaler Vogelflughafen (Ornithoport)

Das Projekt Internationaler Vogelflughafen (Ornithoport) betrachtet Flächen und Räume seit 2009 aus Sicht traditioneller Bild- und Konzept-Gestalter in Bezug auf die Vögel als vermehrte Nutzer urbaner Umgebung. Neue Gegebenheiten verlangen nach kreativen Verkehrslösungen im Luftverkehr der Brüter. Einschwebevorgänge und Landungen sowie Take-offs müssen nach exakten Slots durchgeführt werden, die unbedingte Verkehrssicherheit gewährleisten. Dazu dienen die an neue Verhältnisse angepasste Nomenklatur, Bildgebung und Know-how der Airport-Betreiber zur Schließung weiterer Marktnischen.

Die Zuwachsraten der Ornithoports liegen seit der Markteinführung 2009 im zweistelligen Bereich mit Aufwärtstrend. Der Grund für diesen Erfolg liegt in der großen Nachfrage. Der internationale Vogelflughafen Bonn auf dem Dachgärten der Bundeskunsthalle entwickelt sich zurzeit zum modernsten Ornithoport Europas, er wurde im April 2011 eröffnet und ist bis mindestens Oktober zu besuchen.

Bitte entnehmen Sie zeitnah weitere Informationen der Website <www.bundeskunsthalle.de>. Ein Projekt von Stephan Andreae und Prof. Res Ingold.

Eigentümer von Grünflächen zeigen sich als geeignete Bewerber für zukünftige Ornithoports. Bewerbungen richten Sie bitte gern an <www.hasenbuechel.de> <www.ingolduniversal.com>.

Für die Betreiber

Stephan Andreae, Mai 2011

Ein Künstlergarten

Seit 1997 arbeite ich für einen Skulpturenpark in Italien, einen »Künstlergarten«. *Hic Terminus Haeret* steht in großen Eisenlettern als Motto über dem Eingangstor – *Hier haftet das Ende*. Aber Daniel Spoerri hat hier nicht sein Ende gefunden, er hat an diesem Ort einige Jahre innegehalten. 1995 erwarb er das Grundstück, ließ die Häuser renovieren und umbauen. 1996 begann er, einige seiner Werke im Gelände aufzustellen.

Daniel Spoerris Werk bringt man heute meist mit seinen »Fallenbildern« in Verbindung. Es besteht aber durchaus nicht nur aus diesen zufälligen Tischsituationen, die er mit Leim und Schrauben fixierte und als »Bild« definierte. Es entstanden viele andere Assemblagen, in denen Alltagsgegenstände und skurrile Fundstücke zu Bildern und Skulpturen kombiniert wurden.

Für seinen weitläufigen Skulpturengarten »Il Giardino di Daniel Spoerri« hat er seine Künstlerfreunde eingeladen, zu diesem großen Werk – das Gelände ist etwa sechzehn Hektar groß – beizutragen. Heute gehören einhundertdrei Installationen unterschiedlicher Künstler zu dem Park.

Darunter zum Beispiel ein Werk des Bildhauers Bernhard Luginbühl. In Begleitung seiner Frau Ursi und der drei Söhne Brutus, Basil und Iwan kam er in den »Giardino« und errichtete innerhalb weniger Stunden einen sieben Meter hohen Turm aus Pflugscharen, Rädern, Eisenträgern – »Schrott aus dem Emmental«, wie der Künstler die Skulptur augenzwinkernd in einem Interview nannte.

Die Standorte für die Kunstwerke bestimmt Daniel Spoerri jeweils vorher. Für die Stele von Luginbühl, den »Monte-Amiata-Stengel« (der Monte Amiata ist der »Hausberg« des Giardino), wie sie ihn schließlich betitelt haben, hatte er einen Platz inmitten einer Reihe von Zypressen ausgesucht. Von ähnlicher Form und Größe wie die schlanken Bäume, hebt sich die hohe Skulptur dort kaum ab.

Nach dem Aufbau wurde gefeiert, gegessen und getrunken. Am nächsten Morgen sah Luginbühl aus dem Fenster in die Runde und rief empört: »Was?! Das soll ein Künstlergarten sein?! Siehst du da irgendwo Kunstwerke?! Da ist nichts! (»Nüüt!«, denn er schimpfte auf Schwyzerdütsch.) Das könnte auch der Garten von Feldmarschall Rommel sein! Nirgends ist Kunst zu sehen! Du hättest ebenso gut eine Grube ausheben und meinen Turm da drin verlochen können!«

Daniel Spoerri erzählt gern von diesem Vorwurf-Lamento seines Freundes. Luginbühls halb gespielte Entrüstung amüsierte ihn und zeigte zugleich, dass das Programm, die Kunst nicht plakativ in den Vordergrund zu rücken, wieder einmal gelungen war. Denn auf die dezente Platzierung der Werke in seinem »Giardino« ist Daniel Spoerri besonders stolz.

Als Objekt-Künstler ist er es gewohnt, mit Vorgefundenem zu arbeiten. Sein Blick ist geübt. Wenn er die Orte für die Installationen auswählt, reagiert er auf die Gegebenheiten des Geländes und verändert sie meist kaum; und die Landschaft zeigt sich, trotz einiger tausend Besucher jährlich, weitgehend unbeeindruckt. Stürme und Schneebruch verändern das Landschaftsbild wie anderswo auch, schlagen vielleicht einmal eine Schneise; Brombeeren überwuchern einen schmalen Durchgang oder einen aufgeworfenen Erdhügel, der eigentlich als Aushub erkennbar bleiben sollte. An anderer Stelle stirbt Efeu ab, der einen Felsbrocken zuvor als »Dichtergrab« malerisch berankte. Dagegen wirken die künstlerischen Eingriffe zurückhaltend. Dickicht bleibt Dickicht. So gesehen hat die Natur hier weniger Respekt vor der Kunst als umgekehrt.

Die Nachbarn sehen das teilweise etwas anders. Wenn die Familie Biscotti sich an ausgewählten Wochenenden in ihrem etwa dreihundert Meter entfernten Landhaus einfindet, missfällt ihr das Läuten der begehbaren Klangskulptur von Jesus Rafael Soto, einem hochgeschätzten brasilianischen Op-Art-Künstler, dem in seinem Heimatland eine Briefmarke gewidmet wurde. In Dezibel gemessen reicht die Lautstärke dieser Töne kaum an das täglich zu vernehmende Knattern der Traktoren ringsum heran, noch an das Glockengeläut des Kirchleins von Seggiano auf dem gegenüberliegenden Hügel. Die Biscottis aber fühlten sich gepeinigt und nahmen einen Anwalt mit Namen Secchi. Das hat nun einen komischen Aspekt, denn »biscotti« heißt übersetzt »Plätzchen« und »secchi« bedeutet »trocken«. Staubtrocken wie altes Gebäck waren denn auch die Briefwechsel. Schließlich wurde die dreieinhalb mal vier Meter große Skulptur versetzt, um den Nachbarschaftsfrieden zu wahren.

Der »Giardino di Daniel Spoerri« war ein Olivengut. Als Spoerri das Grundstück erwarb, hatte es zehn Jahre lang brachgelegen und ein Großteil der Olivenplantagen war verbuscht – eine verwilderte Nutzfläche. Die Landschaft mit sanften Hügeln ist dem Auge wohlgefällig, dem menschlichen Fuß aber unwegsam. Nur zwei Mal im Jahr werden Wege durch das hohe Gras geschnitten. Eingefasste, mit Kies bestreute Flächen gibt es lediglich in unmittelbarer Umgebung der Häuser.

Eine Vergewaltigung der Natur sei ihm zuwider, seit seine Tante ihn als Kind gezwungen habe, mit einer Schere die Rasenränder zu beschneiden, teilt Daniel Spoerri mit. Dass sich aus einer solchen Prägung keine Vorliebe für Barockgärten mit ihren symmetrischen akkuraten Beeten entwickelt hat, ist verständlich. Auch sein Desinteresse für Pflanzen hat Daniel Spoerri sich erhalten. Wenn man ihn auf ein besonderes Gewächs hinweist, will er zuerst einmal nur wissen: »Ist es selten?!«

Gleichwohl vertiefte Spoerri während der Arbeit an seinem »Garten« sein Wissen über Gartenarchitektur mit der für ihn typischen eifrigen Neugier. Er besuchte viele Gartenanlagen in Südengland, Süd- und Ostdeutschland, ohne sich allerdings einen einzigen Pflanzennamen zu merken. Ich habe ihn auf dieser Reise begleitet und verdanke ihm die Begegnung mit einigen unvergesslichen Bäumen und Hecken, wie der gewaltigen Eibenhecke von Montacute House in Somerset mit ihrer bewegten Oberfläche voll ausladender Wölbungen, oder der jahrhundertealten, etwa zwei Meter breiten Hecke in den Rousham Gardens nördlich von Oxford, aus Eibe und Buchsbaum, in unterschiedlichen Grünschattierungen von Schwarzgrün bis Maigrün, in deren Innerem es nachtdunkel ist. Ein kleiner Weg, dicht an den Stämmen, wird freigehalten, wo der Gärtner beim Verlegen des Bewässerungsschlauches aufrecht gehen kann.

Die Landschaft ist zwar ein entscheidender Bestandteil des »Il Giardino di Daniel Spoerri«, aber sie wurde nicht eigens angelegt im Hinblick auf eine Erkenntnis fördernde Wirkung oder um den Anschein von Natürlichkeit zu erwecken wie die englischen Landschaftsgärten des 19. Jahrhunderts.

Spoerris deutlich formuliertes Desinteresse an Pflanzen und seine Abneigung gegen eine Regulierung im Sinne von angelegten Beeten, begradigten Alleen oder Pflanzung von Baumgruppen bezeugt Respekt vor der Natur, dies aber im doppelten Sinne von Bewunderung und Furcht oder Neid angesichts deren Überlegenheit. Der gestalterische Ehrgeiz richtet sich nicht darauf, die Natur nach seinen Vorstellungen zu formen, wie es zum Beispiel Fürst Pückler in seinem Park in Bad Muskau tat. Der Fürst war kein Gärtner, der weit vorausplanend mit Blick auf zukünftige Generationen säte und pflanzte – wie etwa der berühmte Gärtner und Landschaftsarchitekt Peter Joseph Lenné, der auf mehreren Lagen Transparentpapier die zukünftigen Wachstumsstadien zeichnerisch darstellte. Pückler ließ ausgewachsene Bäume pflanzen, weil er nicht Jahrzehnte warten wollte, bis die Alleen die Ausmaße haben würden, die er sich vorstellte.

Ein prägendes Vorbild für Spoerri war sicher der Garten von Bomarzo, den er als junger Mann zum ersten Mal aufsuchte. Damals reiste er mit einer Vespa auf den Spuren des Manierismus durch Italien und entdeckte den »Sacro bosco«, auch »Parco dei mostri« genannt – wegen der monströsen Steinfiguren, die er beherbergt und die der Fabulierlust des Fürsten Vicino Orsini zugeschrieben werden. Der Park wurde Mitte des 16. Jahrhunderts angelegt. Spektakulär ist das »schiefe Haus«, ein absichtlich geneigt entworfenes und auch so errichtetes Haus. Lustvoll betreten es die Besucher, Schulklassen rennen hinein, die Kinder lehnen sich aus dem Fenster und kreischen – aus Freude darüber, vorübergehend aus dem Gleichgewicht zu geraten.

Neben vielen Elementen aus dem Repertoire des »Sentimentalen Gartens« (Grotte, Laubengang, Labyrinth und Grabstelle) gibt es im »Giardino« auch ein in zwei Richtungen geneigtes Zimmer. Hier stand das »Schiefe Haus« aus Bomarzo Pate. Die Erfahrung, die man beim Eintreten macht, vermittelten auch schon Daniel Spoerris vertikal an die Wand gehängte Tische: eine gekippte Realität.

Die Rekonstruktion des von Daniel Spoerri Anfang der 1960er-Jahre bewohnten Pariser Hotelzimmers, in dem seine Karriere als bildender Künstler seinen Anfang nahm, besteht ganz aus Bronze. Alle Gegenstände – das Waschbecken, der Spiegel, die Teller mit Essensresten auf dem Tisch, Bücher, ein Besen, Bilder, ein ungemachtes Bett – alles aus Bronze, bräunlich patiniert. (»Feuilles verdes« singt Daniel Spoerri – »grüne Blätter«, und er amüsiert sich, dass dieses Textfragment in jedem zweiten Lied auf seiner CD aus der Reihe »Musik der Welt« mit Zigeunerliedern vom Balkan zu hören ist – die Trauer um die grünen Blätter, die bald braun werden, diese Metapher für den Tod.) Ein Dach hat das Bronzezimmer nicht und so sieht man mit schmerzenden Augen aus dem monochromen Raum in das wild wachsende Grün ringsum, das von hier aus unwirklich und künstlich erscheint.

An dieser Stelle kehre ich zu Bernhard Luginbühl zurück. Das Material für seine schweren Eisenskulpturen lagerte er auf den Flächen rund um sein Wohnhaus. Gefährlich, gewaltig die riesigen Eisenteile von Zügen und Schiffen. Hier und dort wächst vielleicht ein Löwenzahn oder ein Holundertrieb zwischen den monochromen Eisenmassen, aber eigentlich wandert man in einem Garten aus verrostetem Eisen. Einen Brunnen gibt es. Er ist abgedeckt mit einem schweren handgeschmiedeten Eisengitter. Darin lebt eine Riesenschnappschildkröte. Man durfte die Hand nicht durch das Gitter stecken. Bedrohlich wie die steinernen Monster in Bomarzo.

Wenn ich im Bronzezimmer »Chambre No. 13« von Daniel Spoerri stehe, bin ich in Gedanken immer auch auf dem Grundstück der Familie Luginbühl in Mötschwil im Emmental, einem Künstlergarten von ganz anderer Art als der »Giardino« in der südlichen Toskana.

Barbara Räderscheidt

6-Loch-Golfplatz
18-Loch-Minigolf

Adelheids Garten

was soll ich sagen
alles darf wachsen
sicher, manches ist angelegt
ich habe keine Ahnung
und frag´nach dem Namen
der Blumen in den Töpfen,
die herumstehen
die kenn´ich sogar
aber in den Ritzen
zwischen den Platten
das geht zu weit
oder was sich am Rand
an Illegalem tummelt
ich habe aufgegeben
eine Ordnung
zu denken
was soll ich sagen
ich hab´keine Ahnung
frag´nicht nach den Namen
sitz´gern im Grünen
inmitten der Stadt

Benno Zimmermann

TULPEN

Ein Stück Rheinufer

Zwischen der Kölner Südstadt und Rodenkirchen liegt eine ungefähr zwei Kilometer lange, linksrheinische Uferstrecke. Dieses Gebiet trennt in weitläufigen Terrassen und Böschungen die extrem stark befahrene Rheinuferstraße vom Fluss; es hatte einmal sehr viele Jahre Zeit und Ruhe, um sich zu entwickeln.

Der steile Hang und eine stillgelegte Trasse der Rheinuferbahn wurden dicht bewachsen mit Bäumen und Sträuchern in einer erstaunlichen Vielfalt. Sie ordneten sich unter den alten, hohen Bäumen einer Lindenallee an. Da gab es Heckenrosen und viele Ziersträucher, sogar Apfel-, Pfirsich- und Pflaumenbäumchen, auch Walnuss und Haselnuss, eben alles, was sich ansiedelt, wenn man es lässt. Am Fuß des Abhanges entstand ein krautig bewachsener Streifen, übrigens ohne Brennnesseln, dafür mit reichlich Früchte tragenden Brombeeren und auch Himbeeren. Dazwischen unter anderem mannshoher Wiesenkerbel, Nachtkerzen, Färberwaid.

Dieser hohe, grüne, lückenlose Schutzwall war zu jeder Jahreszeit schön anzusehen. Er hielt den Lärm, die Abgase und den Staub der Straße vom Flussufer fern. Ein Glück für die vielen Leute auf dem Weg unten, mit Kinderwagen oder Rollator, Spaziergänger, Skater, Jogger, Rollstuhlfahrer, Radfahrer. Und nicht nur die Kinder naschten von den Brombeeren.

An den Abhang schloss sich eine je nach Uferverlauf unterschiedlich breite Wiese an. Der Rhein hatte von unterwegs, von Bergwiesen und Auwäldern, von Feldern und aus Gärten, Samen oder Wurzelstückchen mitgebracht. Einigen Pflanzen gefiel der neue Lebensraum gut und es war eine wunderbare Wiese entstanden, mit ganz unterschiedlichen Pflanzen, seltenen botanischen Gästen, aber auch Würzkräutern wie Majoran, Pimpernelle, Kresse und Rauke. Ganzjährig blühten Blumen, zum Beispiel das rosa Seifenkraut, viele Kleesorten in Lilatönen, sogar Schwertlilien.

Auf der Wiese tanzten Schmetterlinge, Grillen zirpten und auch Zikaden. Die Hunde gruben Löcher auf der Jagd nach Feldmäusen und damit entstanden immer wieder frische Erdflecken für Pflanzensamen. Das Hochwasser kämmte Verdorrtes aus der Wiese, sodass sie immer »adrett« aussah, obwohl sie jahrzehntelang nicht gemäht wurde. Im Dickicht brüteten ungestört Wildenten und in den Gehölzen bauten sehr viele Vögel ihre Nester. Sogar Bachstelzen wippten am Ufer und im Gesträuch sang manchmal eine Nachtigall.

Es gab eine Zeit, da konnte man von der lärmenden, stinkenden Rheinuferstraße aufatmend hinuntertauchen in die Ruhe und in den Lindenduft. Wenn man sich am Abend auf eines der kleinen Treppchen setzte, die zum Wasser hinunterführen, die Steine noch warm vom Sommertag, konnte man den Fledermäusen bei der Insektenjagd zusehen oder spät in der Johannisnacht den Tanz der Glühwürmchen bewundern.

Eines Tages kamen Raupenfahrzeuge und schälten Bäume und Sträucher von den Abhängen, sodass nur der nackte schwarze Stein der Befestigung übrig blieb. Wenige kleine Gebüschinseln blieben. Der Dickichtstreifen auf der ehemaligen Bahntrasse, das Nachtigallenrefugium, wurde wurzeltief eliminiert und stattdessen Rasen eingesät. Vorbei mit dem Schutzwall und der Idylle. Die Materialberge, die bei diesem Wüten anfielen, wurden als große Haufen auf der Wiese gelagert. Als sie nach Monaten halbwegs eingewachsen waren, wurden sie abgeräumt. Danach regenerierte sich die Wiese zunächst, aber anlässlich des Papstbesuches wurde auch sie endgültig zerstört. Sie wurde »aus Sicherheitsgründen« gemäht, mit einem Mulchmäher. Das bedeutet, dass die zum Teil hüfthohen Gräser, Kräuter und Blumen zusammen mit den Insekten und kleinen Tieren in winzige Stücke zerhackt wurden und diese als Mulchschicht auf der Wiese liegen blieben – eine viel zu dicke, faulende, braune Decke. Nur einige robuste Gräser überlebten diese Prozedur und trieben später wieder aus.

Letztes Jahr (2010) wurden dann auch noch die schmalen Pflanzensäume direkt am Ufer abgekratzt. Schade um die Ackerwinde, die hier früher ihre Teppiche aus rosa-weiß gestreiften Kelchen über den Klee legen durfte.

Noch übrig ist der Teil der Uferbefestigung, der vom Gehweg ins Wasser führt. Dort gibt es noch seltene Pflanzen, auch süß duftenden Steinklee und Johanniskraut und an den flachen Stellen Schnittlauchrasen. Da dieser Teil oft im Wasser liegt, entkommt er vielleicht, wer weiß.

Christine Falter

Der Schlafgarten

Bevor der Garten entsteht, liege ich auf dem Rücken in meinem Bett. Durch meinen Kopf hindurch ziehen die Bilder des Tages wie ein Filmstreifen, der durch eine altmodische Kamera gezogen wird. Manchmal ruckelt der Streifen vor und zurück und ich sehe dieselbe Szene in mehrfacher Wiederholung. Am Ende beginnt der Film wieder von vorn. Ich probiere, meine Arme und Beine schwer werden zu lassen. Das funktioniert.

Ich begebe mich in den Garten.

Die Hoftüre, genauer gesagt die Klinke dieser Tür, ist mein Startpunkt. Ein kurzer, kühler, rostfleckiger Griff in meiner Kinderhand, sogar der süßliche Geruch oxydierenden Metalls entsteht in meiner Nase. Die Türe ist leicht zu öffnen, springt sofort aus ihrem Schloss. Ein hoher Tritt führt mich hinunter in den strahlenden Mittag.

Vor mir liegt der leere Hof, ein Teerquadrat hinter einer betonierten Fläche, leicht ansteigend, bis zu einer unscheinbaren Mauer am Ende. Der Hof ist eingerahmt von Gebäuden unterschiedlicher Höhe, die meisten aus Backstein, ein paar Holzverschläge dazwischen. Küche, Wohnzimmer, Schlafzimmer, zwei Stockwerke, daneben Ställe und eine Scheune. Auf der anderen Seite die Werkstatt des Onkels, darüber eine Wohnung, dahinter der große Kuhstall, jetzt Waschküche. Die Sonnenstrahlen liegen auf den hellroten Schindeln des winzigen Häuschens am Ende des Hofs.

Der Backstein der Hauswände ist rotbraun, an manchen Stellen schimmert er violett, die Fugen grau. Zwei Blumenkästen mit roten Geranien stehen auf dem Teerquadrat herum. Die Türen, Tore und Fensterläden sind mit aschgrauer Farbe bestrichen, genau wie die schiefe Bank neben dem Küchenfenster. Es ist sehr heiß und ich rieche den schwarzen Teer, den mein Onkel einmal auf dem oberen Stück Hof verteilt hat. Rechts an der alten Eisenpumpe, auf einigen unsymmetrisch verlegten Steinquadraten, hat meine Tante Wassereimer aufgestellt. Die Eimer warten hier den ganzen Tag.

Ich schaue nach oben in den Himmel und sehe vor dem wolkenlosen Blau eine riesige Halbkugel aus Blättern. Der Kirschbaum, ein weißer Fächer im Frühling, tiefgrün und mit reifen Süßkirschen gefüllt jetzt im Juli. Er ist der mächtigste Baum des ganzen Gartens. Ich stehe noch immer an der Türe, doch jetzt atme ich tief ein und laufe so schnell ich kann über den heißen Teer auf meinen dünnen Sandalensohlen. Hell und warm ist die Sonne in meinem Gesicht.

Ich öffne das Gartentor, die große Klinke geht schwer, sie hakt, mit beiden Händen drücke ich sie ein paarmal vergebens. Dann rastet das ausgeleierte Schloss aus, ich stemme mich gegen das Torblatt und husche durch den Spalt in den Garten, während sich das Tor von selbst wieder schließt. Nun bin ich ganz im Grünen, stehe noch auf ein paar Steinplatten, die eine Senke bilden. Ich schaue hinauf. Zwei hohe Stufen führen in das strahlende Gras der großen Wiese zu meiner Linken. Rechts geht es am kleinen Kompost und dem Blumenbeet vorbei, weiter zum offenen Gemüsegarten. Im Hintergrund sehe ich schon die schweren Tomaten an ihren Stauden in der Sonne leuchten und die hellgrün zerzausten Erbsenhecken mit den prallen Schoten, von denen ich gleich kosten werde. Der Birnbaum steht direkt am Nachbarzaun, dahinter die Reihe mit Sauerkirschen, die Reineclauden, die Stachelbeersträu-

cher und im hinteren Teil dann die sorgfältig gehäufelten Zeilen mit Möhren, Radieschen, Kartoffeln und Kohlrabi. Nachher werde ich sie kos-ten.

Ich entscheide mich erst einmal für links, laufe ein paar Schritte auf die Wiese und stehe jetzt vor der Schaukel, auf der ich Platz nehme. In meiner Vorstellung scheint es mir zunächst nicht möglich, mit der Schaukel in Schwung zu kommen. Ich weiß die komplizierte Schaukelbewegung nicht mehr vorzuempfinden. Sobald ich jedoch die Seile in die Hände genommen habe, geht es auch schon los. Mit dem ersten Schub meiner Beine in die Luft ist alles wieder da. Schnell schraube ich mich höher, ein paar Haare wehen mir in den Mund und ich steche die gestreckten Füße in die Luft unter den Kirschbaum, der von Kühle umweht ist und trotzdem von Sonnenlicht durchflutet.

Die Hühner des Nachbarn gackern, meckrige Posaunisten auf ihren alten, verbeulten Instrumenten. Wenn sie nicht meckern, hacken sie mit ihren Schnäbeln den hart getretenen Boden auf oder wetzen ihre Schnäbel am Zaun zur Untermalung meiner Schwünge. Auf dem höchsten Punkt der Schaukelei nehme ich beim Rückwärtsschwung die Arme vorsichtig von den Seilen nach innen und katapultiere mich, während ich noch auf der Schaukel vorwärtsfliege, mit einem Satz heraus, durch die Luft nach vorn in das duftende, feine Wiesengras, ein langhaariges grünes Fell, das mich weich empfängt.

Ich lande sicher in der Hocke, auf meinen Füßen, dieser Sprung ist lange einstudiert. Eine feste Choreografie folgt nach. Mit einer Rolle vorwärts schräg von der Schaukel weg nähere ich mich jetzt dem Stamm des Kirschbaums. Nach dem Abrollen komme ich wieder in der Hocke aus und brauche dann nur noch eine weitere Rolle vorwärts, um passgenau mit dem Ende meines Hinterteils die bemoosten Wurzeln des Kirschbaums zu fühlen und die Beine nun langsam auszurollen und bequem am schrägen, dicken Stamm entlang nach oben zu legen. Die Füße über mir gekreuzt, liege ich jetzt im Schatten des Baumes, sehe in die starken Äste mit den flirrenden Blättern, unter mir das Gras, das meine Schläfen streichelt.

Marie-Luise Wolff

Anhang

Bildlegenden und Bildnachweis

Umschlagvorderseite
Krokodile, Knokke/B.
Fotografie © **Marie-Luise Wolff**, 2010

Umschlaginnenseite vorne
Protokoll einer Redaktionssitzung
© **Heribert Schulmeyer**, 2011

(2) **Steinglanz-Papier, grün**
Steinglanz-Papier wurde mittels Marmorwalzen hergestellt, wobei sich deren glatt polierte Oberfläche der farbigen Papieroberfläche mitteilte. Man benutzte es zum Einbinden von Büchern und auch als Vorsatzpapier. Es wird heute nicht mehr hergestellt.
Dank an **Marlis Maehrle**, Papier + Buch, Winnenden, die das Papier für Freio #3 als Grünfläche vorschlug, zugeschnitten und zur Verfügung gestellt hat.

(4) **Wenn grüne Regenschirme
vagabundierend Richtung Süden zieh'n**
digitale Montage © **Theo Kerp**, 2011

(8) **Max Zimmermann, Loch Ness**
Assemblage, 26 x 14 x 9,5 cm, 2011
Fotografie © **Eusebius Wirdeier**, 2011

12–16 **Blühtnurhinterdemspiegel**
Fotografie © **Setsuko Fukushima**, 2011

18 **Parklandschaft**
Fotografie © **Ingo Werner**, 2007

21 **Caspar David Friedrich, Tannenlichtung**,
um 1812, Silberstift auf Papier, 12,1 x 19,1 cm
Courtesy Kasper König, Köln
Fotografie © Eusebius Wirdeier, 2011

Die Silberstiftzeichnung entstand wohl bei einem Aufenthalt in der Sächsischen Schweiz. Friedrich nummeriert hier zehn verschiedene Grüntöne für eine spätere farbige Ausführung.
Wir erbaten dieses schöne Beispiel für »Malen nach Zahlen« aus der Privatsammlung von Kasper König und danken hiermit ganz herzlich für die freundliche Gewährung der Abdruckrechte.

29 **Pflanzhölzer**
Fotografie © **Eusebius Wirdeier**, 2011

30 **Christa Wörner, Gartenlandschaft**
2003, Leinen, Seide, 25,0 x 25,5 cm
Sammlung Barbara Räderscheidt
Fotografie © Eusebius Wirdeier, 2011

32 **Hänger mit Werbefläche**
Fotografie und Bild-Text-Montage © **Theo Kerp**, 2011

35 **Christine Falter, Sechzig Teile –
Bausatz für einen Weihnachtszweig**,
Objektkasten, 16 x 11 x 2 cm, 24. Dezember 1997
Geschenk an Barbara Räderscheidt

36/42 **Beet und Bett I und II**
Fotografische Analogien 2004
Digitale Montage © **Barbara Räderscheidt**

44 **Spazierbild 4**
Fotografie © **Setsuko Fukushima**, 2010

50 **Hänger mit Werbefläche**
Fotografie und Bild-Text-Montage © **Theo Kerp**, 2011

54/55 **Strand von Crosby**
Architekturteile als Küstenschutz bei Liverpool
Fotografien © **John Sykes**, Oktober 2009

56 **Susanne Neumann**
»**the grünfläche in me is the grünfläche in you**«
Installation von Rollrasenstücken an menschlichen Knien
Fotografie © Jürgen Neumann, 2011

58/61 **Kölner Brückengrün I und II**, Köln-Porz, 28. März 2011
Fotografien © **Eusebius Wirdeier**, 2011

Besuch im Kölner Brückenbauamt
Herr Dr. Schäfke und ich waren ein bisschen enttäuscht, als wir die Farbmustertafeln sahen. Herr Dederichs, stellvertretender Leiter der Brückenmeisterei im Brückenbauamt der Stadt Köln, nahm sie aus einem Stahlschrank, wo sie in Küchenpapier eingewickelt lichtgeschützt auf einem grauen Regalboden lagen. Er packte sie aus und legte beide Tafeln nebeneinander vor uns auf den Tisch: nicht ganz so groß wie ein Blatt Schreibmaschinenpapier die eine, aus zwei Millimeter starkem Stahlblech geschnitten, die Ecken gerundet, mit einer Bohrung von etwa zehn Millimeter Durchmesser mittig an einer der Schmalseiten. Vermutlich dient das Loch zum Aufhängen an einer senkrechten Fläche – wodurch das Blech zum Hochformat würde. Die andere Platte hat DIN-A4-Format.

Die Vorderseite der kleineren Platte ist halbmatt lackiert, grün. Auf ihrer Rückseite, die unlackiert ist, sind mit schwarzem Filzstift Buchstaben- und Zahlenfolgen der Farbkodierung aufgeschrieben.

Die andere Mustertafel ist vorderseitig mehrfarbig lackiert, wobei alle Farben des Aufbaus sichtbar bleiben, weil die oben liegenden Felder zunehmend kleiner angelegt sind und eine streifenförmige Teilfläche der darunterliegenden Oberfläche unverdeckt lassen. Der erste Streifen ist also unbehandeltes Blech.

Dann sind mehrere leicht unterschiedliche Grüntöne zu sehen und dazwischen dunklere braune Streifen, mutmaßlich Rostschutz, jeweils Streifen in der Breite von handelsüblichem Klebeband. Zuoberst ist auf der Restfläche der Musterplatte die Lackierung des Endanstrichs sichtbar. Schlieren auf den Oberflächen lassen auf einen Farbauftrag mit dem Pinsel schließen.

Etwa hundert Tonnen Altfarbe wurden zwischen 1985 und 1991 von der Kölner Severinsbrücke abgenommen, also einige Lastwagenladungen. Und etwa einhundertfünfzig Tonnen neuer Farbe wurden dann auf die Brücke aufgetragen. Die Farbe soll mehrere Jahrzehnte halten und sich dabei möglichst wenig verändern.

Unsere Enttäuschung war selbst gemacht, wie wir uns auf der Rückfahrt eingestanden. Unabhängig voneinander hatten wir uns quadratmetergroße Muster vorgestellt, die irgendwo im Brückenbauamt an einem Pfeiler hängen würden. Meine Tafel war aus dickem Sperrholz mit Kantenschutz aus gehobelten Leisten und sie war mit Schwerlastdübeln, Distanzhaltern und Schrauben am Untergrund befestigt: In jeder Hinsicht eine unrealistische Vorstellung, denn das Farbmuster wird zweckmäßigerweise auf das gleiche Material aufgetragen, aus dem auch die Brücke hergestellt ist. Und das Format des Musters wird möglichst handlich gewählt, denn es muss zum Vergleich und zu späteren Kontrollen zur lackierten Brücke gebracht werden können – und nicht umgekehrt. EW

62 **Kirmes**, Camaret sur Mer/F., 4. September 2010
Fotografie © **Eusebius Wirdeier**, 2010

64 **Lächelnde Straßenbaumaschine**
Fotografie © **Theo Kerp**, 2011

65 **Werbefigur eines Garten-Geschäfts in Niederösterreich**
Fotografie © **Barbara Räderscheidt**, 2011

Die Baumschule Praskač in Tulln an der Donau (Niederösterreich) ließ 2008 eine neun Meter hohe Skulptur in Form einer sitzenden Katze (»Pras-Katz«) errichten und bepflanzen. Laut eigenen Angaben handelt es sich um eine Anlehnung an den Hund vor dem Guggenheim-Museum in Bilbao. Sie ist mit rund 12.000 eigens für diesen Zweck herangezogenen Beet- und Balkonpflanzen bepflanzt. Das Blumenfell der Katze weist eine Gesamtfläche von 125 Quadratmetern auf. Bei der Aufnahme, 2011, war das »Fell« schon ein wenig »herausgewachsen«. BR

66 **Geordnetes Grün – Rosenkäfergrün**
Fotografie © **Nelly Schrott**, 2011

67 **Rennbahn I**, Köln-Weidenpesch, 15. August 2010
Fotografie © **Eusebius Wirdeier**, 2010

68 **The Mud Maid**, Erdskulpturen von Susan Hill,
aufgenommen in »The Lost Gardens of Heligan«/Cornwall/GB
Fotografie © **Birgit Weber**, Juni 2009

71 **Zwischenpflanzung**, Obstanlage mit Buschobst
aus: **E. Weirup**, Obstbau, Leipzig, 1907

75 **Himmel und Hölle** – Aufsicht
Digitale Zeichnung © **Karin Damrau**, 2006

78 **Himmel und Hölle** – Programm
Digitale Zeichnung © **Karin Damrau**, 2006

79 **Installation Himmel und Hölle**, Karin Damrau, 2007
Fotografie © **Frederik Arnold**, 2007

80 **Unkraut vergeht nicht**
Fotografie © **Theo Kerp**, 2006
»Unkraut vergeht nicht« lautete das Motto einer informellen
Kölner Karnevalsgruppe, aus der sich heute teilweise die Freio-
Redaktion zusammensetzt.

83 **Golbarg Tavakolian, Rheinperser-Arbeit**
Schloss Lörsfeld, Kerpen, 9. Mai 2010
Fotografie © **Dario Iannone**, Köln, 2010

84 **Golbarg Tavakolian, Rheinperser-Arbeit**
Solingen, September 2010
Fotografie © **Golbarg Tavakolian**, Köln, 2010

85 **Golbarg Tavakolian, verblichener Rheinperser**
Schloss Lörsfeld, etwa vier Tage nach der Herstellung
Fotografie © **Golbarg Tavakolian**, Köln, Mai 2010

86 **Golbarg Tavakolian, verblichener Rheinperser**
in Solingen, etwa zwei Wochen nach der Herstellung
Fotografie © **Familie Dehghan**, Solingen, September 2010

89/90 **Marienfeld/Mobiler Ansitz I und II**
Fotografien © **Theo Kerp**, 2011

92 **Su-Ranajai**
Fotografie © **Setsuko Fukushima**, 2009

94 **Straß im Straßertale**
Abstellfläche vor einem Lokal in Niederösterreich
Fotografie © **Barbara Räderscheidt**, 2011

96–107 **Heribert Schulmeyer**
Theaterskizzenbücher 2007/2009
Zeichnung, Aquarell und Collage auf Papier
© **Heribert Schulmeyer**, 2011

Heribert Schulmeyer hat – wo er geht und steht – ein Skizzen-
buch zur Hand. Meistens sind es quadratische Hefte, etwa vierzehn mal vierzehn Zentimeter groß, klammer- oder fadenge-
heftet. Viele sind vom Transport etwas abgegriffen, nein: berie-
ben und mit einigen Randläsuren, würden die Fachtermini der
Objektbeschreibung im Autografenkatalog lauten. An der In-
nenseite des hinteren Umschlags befinden sich jeweils schräge
Taschen, in die lose Zettel gesteckt werden können.
  Die im Laufe vieler Jahre geführten Hefte bilden ein beein-
druckendes Konvolut, ein ganz eigenes Lebenswerk, parallel zum
zeichnerisch-illustrativen Hauptwerk. Diese Skizzenbücher sind
zugleich Tagebücher und Arbeitshefte für Schulmeyers Papiertheater.
  Nun hat Heribert Schulmeyer einige Hefte redaktionell frei-
gegeben und wir haben einige Doppelseiten daraus, die zum
Heftthema Grünflächen passen, leicht vergrößert faksimiliert
abgebildet. EW

109/110 **Karnevalssamstag in der Wilstermarsch**
bei Brokdorf/Unterelbe, 28. Februar 1981
Fotografien © **Eusebius Wirdeier**, 2011 (Erstveröffentlichung)

113 **Wiedehopf**
Skizze bei Redaktionssitzung, Bleistift auf Papier
Zeichnung © **Theo Kerp**, 2011

119 **Karnevalist**
Fotografie © **Marie-Luise Wolff**, 2006

120 **Hanfampel**
Köln, Aachener Straße/Ecke Brüsseler Straße, 10. März 2011
Fotografie © **Eusebius Wirdeier**, 2011

122 **Hänger mit Tulpenwerbung**
Fotografie und Text-Bild-Montage © **Theo Kerp**, 2011

125 **Iktebach**
21. Mai 2005, Ehemaliges Lager Iktebach in Jülich/Kreis Düren
Fotografie © **Evelyn Meessen**, 2005

126 **Blick ins Grüne**
Fotografie © **Theo Kerp**, 2011

129 **Barbara Camilla Tucholski**, o. T. (Loitz), 1995
32 x 24 cm
Bleistift auf Papier
Courtesy Marie-Luise Wolff

131 **Barbara Camilla Tucholski**, o. T. (Loitz), 1995
32 x 24 cm
Bleistift auf Papier
Courtesy Marie-Luise Wolff

132 **Rennbahn II**, Köln-Weidenpesch, 15. August 2010
Fotografie © **Eusebius Wirdeier**, 2010

134 **Farn in der Gewächshauswand**,
Centre for Alternative Technology, Machynlleth, Wales/GB
Fotografie © **Birgit Weber**, Juli 2008

139 **Hänger mit Werbefläche**
Fotografie und Bild-Text-Montage © **Theo Kerp**, 2011

146 **Ingrid Schwarz, Summer**, 2010
Mischtechnik auf Papier, 30 x 30 cm
Fotografie © Ingo Werner, 2011

148 **o. T.** (im Garten Johnson/Wolff, Hürth)
Fotografie © **Jojo Wolff**, April 2011

Umschlaginnenseite hinten
Protokoll einer Redaktionssitzung
© **Heribert Schulmeyer**, 2011

Umschlagrückseite
Vignette des Freio-Logos
nach der Zeichnung »Neugier«
digitale Zeichnung © **Theo Kerp**

NEU!
Getränkeservice
für Ihre privaten
Feiern und Feste
NEU!

-Mittagstisch

16.00 Uhr

Stübchen

keservice

Apfelpflücker

Der Baum
zu dessen Ästen
ich steige

hoch hängen
die besten Äpfel

erreichen will ich
sie alle

überlasse viele
am Ende
fröhlich
den Vögeln

Benno Zimmermann

Textnachweis

Autorinnen und Autoren

Stephan Andreae

geboren 1952 in Köln. Freier Künstler, Ausstellungsmacher und Autor. Leiter des Forums der Bundeskunsthalle Bonn. Arbeitet interdisziplinär an der Vermittlung von Künstlerideen in Profanbereiche mit diversen Kooperationspartnern.
<www.hasenbuechel.de>

Christa Becker

geboren 1956 in Roßbach/Wied, arbeitet seit über zwanzig Jahren als Konzepterin und Texterin in Marketing und Werbung. Daneben kuratierte sie die Jubiläumsausstellung der Augsburger Puppenkiste, beschäftigte sich intensiv mit den Heinzelmännchen und bereitet derzeit eine Ausstellung zum Thema »Zwergenwelten« vor.

Karin Damrau

wurde 1970 in Darmstadt geboren. Aufgewachsen in Konstanz. Architekturstudium in Stuttgart, Bordeaux und London. 1999–2010 Wissenschaftliche Mitarbeiterin am Lehrstuhl für Gebäudelehre und Grundlagen des Entwerfens, RWTH Aachen. 2001 Gründung des Architekturbüros Damrau Kusserow, Köln. 2006 Stipendiatin an der Akademie Schloss Solitude in Stuttgart. 2006 Förderpreis des Landes Nordrhein-Westfalen für junge Künstlerinnen und Künstler. Seit 2010 Professorin für Interdisziplinäre Gestaltung und Designgrundlagen im Fachbereich Gestaltung der Fachhochschule Aachen.
<http://www.damrau-kusserow.de>

Christine Falter

lebt seit dreißig Jahren in Köln. Den Weg von der Südstadt nach Rodenkirchen legt sie beinahe täglich mit dem Fahrrad zurück. Sie hat dort einen Garten. Viele Gartenbesitzer im Kölner Raum verdanken ihr Ableger und Setzlinge und einfühlsame Beratung.

Günter Fiedler

geboren 1952 in Leverkusen. Konzeptkünstler im Rheinland. Betreibt das Atelier 706 in Leverkusen-Hitdorf. Hieraus wächst das Museum für RhEINKULTUR. Buchkünstler. Organisator des aktuellen Projekts Literadtour. Literatur und Kunst rund ums Fahrrad. Eine Veranstaltung zu »LEV-liest 2011«.
<www.literadtour-lev.de>

Caspar David Friedrich

wurde am 5. September 1774 in Greifswald geboren. Er war einer der bedeutendsten Maler und Zeichner der deutschen Frühromantik, die er zusammen mit Philipp Otto Runge wie kaum ein anderer Künstler beeinflusste. Seine Werke haben häufig Natur- und Landschaftsdarstellungen zum Gegenstand, die Natur besitzt darin oft einen metaphysisch-transzendenten Charakter. Am 7. Mai 1840 starb Caspar David Friedrich in Dresden (zit. nach Wikipedia, 2011 <http://de.wikipedia.org/wiki/Caspar_David_Friedrich>).

Kaspar David Friedrich Maler, geb. 1774 in Greifswald, gest. 1840 in Dresden. Schüler des Universitätsmalers Quistorp in Greifswald, 1794 bis 1798 an der Akademie in Kopenhagen, dann in Dresden weitergebildet. 1810 Mitglied der Berliner, 1816 der Dresdner Akademie, 1824 Professor derselben (zit. nach: Propyläen-Kunstgeschichte Bd. XIV, Die Kunst des Klassizismus und der Romantik, von Gustav Pauli, Propyläen-Verlag zu Berlin 1925).

Setsuko Fukushima

wurde 1958 in Tokyo, Japan, geboren. Studium der Malerei an der Musashino-Kunsthochschule in Tokyo. Lebt und arbeitet als freischaffende Künstlerin seit 1983 in Deutschland. Zahlreiche Ausstellungen und Projekte im In- und Ausland.
< www.setsukofukushima.de, http://seedbook.exblog.jp/ >

Doris Günther

verheiratet mit Gilbert Foussette, lebt heute in Duisburg, arbeitet sowohl dort als auch in Düsseldorf. Studierte Konzertpianistin und Instrumentalpädagogin; Lesungen ihrer Lyrik und Satire bei überregionalen Veranstaltungen, auch in gemischt musikalisch-literarisch-szenischen Programmen im In-und Ausland, Literaturtelefon Düsseldorf, »Forum Poesie« in WDR 5; Mitglied der Autorengruppe »Lesen im Atelier«, Düsseldorf. Vertonung ihrer Gedichte auch durch namhafte Komponisten.

Paula Henn

geboren 1967 in Nordrhein-Westfalen, Handarbeitsunterricht, Laufbahn als freie Journalistin und Fallenstellerin. Ist in der »Freien Initiative für Frauen in Handwerksberufen« aktiv.

Res Ingold

Emmentaler, Jahrgang 1954, Gründer und Inhaber von ingold airlines*, Aktiengesellschaft für internationalen Luftverkehr, Köln (1982–2002 Vorstandsvorsitz; www.ingoldairlines.com) und der Holdinggesellschaft ingold universal enterprises (seit 2002 Vorsitz im Aufsichtsrat; www.ingolduniversal.com – under construction). Seit 1995 Professor für interdisziplinäre Projekte an der Akademie der Bildenden Künste München. Wohnt in Köln (D) und Montecchio (I), ist verheiratet mit der TV-Autorin Monika Schuck.
  Arbeiten in öffentlichen Sammlungen von Arp Museum Rolandseck, Kunstmuseum Bern, Groninger Museum, Hamburger Kunsthalle, Parco Serpara Civitella d'Agliano, Zeppelin Museum Friedrichshafen, Museum für Gestaltung Zürich, Schweizerische Landesbibliothek, Bern.

Jean-Baptiste Joly

wurde 1951 in Paris geboren. Studierte 1969–1976 Germanistik in Paris und Berlin. 1976–1983 Deutschlehrer bei Paris. 1983–1988 Direktor des Institut Français de Stuttgart. Seit 1989 Vorstand der Stiftung Akademie Schloss Solitude, Gründungsdirektor und künstlerischer Leiter der Akademie. Professor an der Kunsthochschule Weißensee, Hochschule für Gestaltung, Berlin. Vorstandsmitglied diverser Stiftungen (u. a. Merkur Stiftung), Kuratoriumsmitglied der Schader Stiftung und Mitglied im Stiftungsrat des Kunstmuseums Stuttgart. Mitglied im Beirat von Transcultural Exchange Boston und Mitglied des Deutsch-Französischen Kulturrats. Lebt und arbeitet in Stuttgart seit 1983.

Theo Kerp

wurde 1949 in Köln geboren. Studierte an den ehemaligen »Kölner Werkschulen« Illustration. Fotografiert seit einigen Jahren weitgehend Belanglosigkeiten in seinem näheren Umfeld. Lebt und arbeitet als freischaffender Zeichner in Kerpen-Türnich. <http://www.blickfischer.de>

Marlis Maehrle

geboren 1959 bei Stuttgart, liebt Papier und Bücher, seit sie denken + mit den Händen arbeiten kann.
  Arbeitet als freie Buchgestalterin + Herstellerin für Verlage und bewohnt eine alte Buchdruckwerkstatt als Platz für Papiertraumforschungen, gibt seit 1995 Kurse zu Papier + Buch in den USA und Deutschland und hatte die Ehre, drei Monate als Artist-in-residence in einem Papierdorf in Japan zu leben. <www.papierzeichen.de>

Anja Maubach

Die studierte Landschaftsarchitektin Anja Maubach leitet in vierter Generation eine der ältesten Staudengärtnereien Deutschlands, die besonders für ihre weltberühmten Stauden- und Gehölzsorten bekannt ist. 1993 gründete sie eine Gartenschule, die Firmen und Privatpersonen Gestaltungskonzepte für Gärten anbietet. Ihre Seminare zu verschiedenen Gartenthemen ziehen Kenner aus ganz Deutschland an. Weitere Informationen unter: <www.arends-maubach.de>

Evelyn Meessen

wurde 1958 in Jülich geboren. Lehramtsstudium und Referendariat in Köln, wo sie auch seit 1980 lebt. Unterrichtet seit zwanzig Jahren an einer Realschule in Leverkusen. Schreibt, fotografiert und collagiert in der kleinen und großen Pause.

Susanne Neumann

geboren in Waldsassen, Bayern. Studiert bis 2001 Malerei an der Accademia di Belle Arti di Firenze. Nach dem Studium Assistenz bei Daniel Spoerri. Lebt und arbeitet in Wien, Bayern und Italien. Arbeitsbereiche: Malerei, Fotografie, Autobahnen, Landschaft, Alpen, Souvenir, Objecthood und Mapping. Video, interaktive Fotoprojekte, Archivierung zwischen Forschung und Fiktion. <http://www.susanneneumann.de>

Bruno Ockenfels

wurde 1948 in Köln-Nippes geboren, wohin er 2007 nach zwanzig Jahren Kölner Südstadtleben zurückgekehrt ist. Seit 2010 aus dem Schuldienst ausgeschieden. Lebt in Köln und in der Eifel, wo er in der Werkstatt an praktischen Dingen, aber auch an artifiziellen Sachen (Assemblagen) arbeitet. Schreibt gelegentlich und gerne.

Louis Peters

Dr. jur., Rechtsanwalt für Kunst- und Künstlerrecht in Köln, Reliquiensammler, viele Aufsätze zum Reliquienbereich sowie Urheberrecht, Bücher unter anderem »Kunst und Revolte« (1968), »Kölner Totentanz, Der Sprayer von Zürich« (1982), »Köln, Freitag, 31. 3. 1933 – ein Tag verändert die Kölner Anwaltschaft« (2006).

Barbara Räderscheidt

ist Objektkünstlerin und Kunstvermittlerin. Sie lebt in Köln, wo sie 1959 geboren wurde, und arbeitet unter anderem für die Stiftungen »Il Giardino di Daniel Spoerri« und »Daniel Spoerri Gemeinnützige Privatstiftung«, wo sie sich um die Konzeption und Organisation von Wechselausstellungen kümmert. Seit 1998 sichert sie Spuren auch fotografisch. <www.barbara-raederscheidt.de>

Jeanette Randerath

wurde 1961 in Heinsberg geboren, studierte Germanistik und Geschichte, arbeitete in einem Kinderbuchverlag, ging ein Jahr auf Reise und begann dann Bilderbücher zu schreiben. Heute lebt sie in Stuttgart.

Herbert Rosner

1950 geboren in Bernburg, Studium an den Kölner Werkschulen, FH für Kunst und Design, Meisterschüler, seit 1973 zahlreiche Ausstellungen als Maler und Objektkünstler, Mitbegründer des Kunstvereins Köln rechtsrheinisch (KKR), Kurator des Kunstforums St. Clemens, Theater- und Kunstpädagoge. <www.herbert-rosner.de>

Nelly Schrott

geboren 1948, Kunst- und Musikstudium (Lehramt) in Köln, Einzel- und Gruppenausstellungen in Köln, Bonn, Düsseldorf und Umgebung, lebt und arbeitet als freischaffende Künstlerin in Kerpen. <www.nellyschrott.de>

Heribert Schulmeyer

wurde 1954 geboren, Künstler und Illustrator, Mitbegründer der Gruppe »Kölner Kästchentreffen – Objekte und Papiertheater«. Er lebt als Zeichner und Autor in Köln, erzählt Geschichten und bebildert Kinderbücher für viele deutsche Verlage.

Ingrid Schwarz

geboren 1954, Studium der Soziologie und Psychologie, lebt in Stuttgart. Künstlerische Ausbildung hauptsächlich an der Europäischen Kunstakademie in Trier.

Ulrike Schweitzer

wurde 1954 in Köln geboren, Studium in Konstanz und Berlin. Autorin und Redakteurin im Öffentlich-Rechtlichen. Redaktionsleitung einer TV-Doku-Reihe.

John Sykes

wurde 1956 in Southport, England, geboren und lebt seit 1980 in Köln. Autor von Reiseliteratur; Lektor für englische Texte und Übersetzer Deutsch-Englisch mit Schwerpunkt Reiseführer und Kunstbücher; Stadtführer in Köln.

Golbarg Tavakolian
wurde 1979 in Teheran/Iran geboren. Lebt seit 1983 in Deutschland. Nach dem Abitur Beginn einer Grafikerausbildung. Ab 2002 Studium Produktdesign an der Hochschule für Gestaltung Offenbach. 2008 Diplom mit dem Teeservice »Teeshnegi«.
Ein Schwerpunkt der Arbeiten von Golbarg Tavakolian liegt auf Interkulturalität und Identifikation. Ihre Produkte wie auch die freien Arbeiten sind beeinflusst von kulturellen Kreuzungen zwischen Deutschland und dem Iran. Lebt und arbeitet als freie Künstlerin in Köln.
<www.tavakolian.de>

Barbara Camilla Tucholski
wurde 1947 in Loitz, Mecklenburg-Vorpommern, geboren, lebt und arbeitet bei Kiel, Wien und Rom. Seit 1995 Professorin an der Christian-Albrechts-Universität zu Kiel. Im Alter von fünf Jahren flieht die Familie nach Westdeutschland. 1989 kehrt die Künstlerin immer wieder in ihr Geburtshaus in Loitz für längere Arbeitsaufenthalte zurück. 2010 ist im Weidle Verlag das diesem Ort gewidmete Buch IM SCHLOSS MEINER ERINNERUNG erschienen.

Birgit Weber
1960 in Menden geboren, studierte Kunst und Pädagogik in Aachen. Arbeitet seit 1992 in Köln zunächst in einem Verlag, seit 2009 freiberuflich als Künstlerin und Kunstvermittlerin (Erwachsenenbildung) und ist an verschiedenen Buchprojekten beteiligt. Die Digitalkamera gehört zu ihrer ständigen Begleitung, mit der sie gerne Pflanzen fotografiert.
<www.birgitweber-kunst.de>

Ingo Werner
geboren 1950 in Opladen. Studium der Fächer Kunst, Soziologie, Psychologie und Erwachsenenbildung. Seit der Promotion Lehrtätigkeit zu verschiedenen Aspekten des Mediums Fotografie an der Universität Köln.

Eusebius Wirdeier
wurde 1950 in Dormagen geboren. Fotograf, Gestalter, Autor und Herausgeber. Seit 1968 Ausstellungen, Publikationen in Büchern, Katalogen und Zeitschriften. Beschäftigt sich mit öffentlichem Raum und Alltag im Rheinland. Lebt in Köln.
<www.eusebius-wirdeier.de>

Christa Wörner
wurde 1937 in Neukirchen-Vluyn geboren. Künstlerische Ausbildung am Werkseminar in Düsseldorf. Sammlung textiler Volkskunst, insbesondere aus Griechenland, und textiler Klosterarbeiten. 1960–1962 pädagogische Leitung der Werklehrgänge im Fritz-Henssler-Haus, Haus der Jugend, Stadt Dortmund. 1962–1997 Lehrerin für Kunst- und Werkerziehung und textiles Gestalten am Berufskolleg des Erzbistums Köln am Sachsenring. 1970–1975 Unterrichtsauftrag in Kunsterziehung an der Pädagogischen Hochschule Rheinland, Abteilung Heilpädagogik, Köln. Seit 1989 künstlerische Tätigkeit: textile Miniaturen, Stickereien und Applikationen. Ausstellungen seit 1992. Christa Wörner starb 2008 in Köln.

Jojo Wolff
wurde 1958 in Köln geboren. Studierte an der FH Köln Illustration. Leidenschaftlicher Gemüsegärtner. Lebt und arbeitet als Fernsehregisseur mit seiner Familie in Hürth bei Köln.
<www.jojowolff.de>

Marie-Luise Wolff
geboren 1958 in Doveren, Rheinland. Studium Anglistik und Musik in Köln, Essex (UK), und an der Purdue University (USA). Promotion 1988 in Köln. Ab 1989 Beginn der beruflichen Tätigkeit. Nach Stationen in Strategie, Marketing und Vertrieb nun in leitender Funktion eines Energieunternehmens tätig. Lebt in Köln und Frankfurt.

Benno Zimmermann
wurde 1957 in Köln geboren, Abitur, Studium der Anglistik und Romanistik in Köln (nicht abgeschlossen), Buchhändlerlehre in Duisburg, achtundzwanzig Jahre Buchhändler im Ruhrgebiet und in seiner Heimatstadt.

Max Zimmermann
wurde 1959 geboren, arbeitet als Kunst- und Religionslehrer in Köln. Tummelt sich gelegentlich in den Zwischenwelten »Zeichnung, Collage, Objekt«.

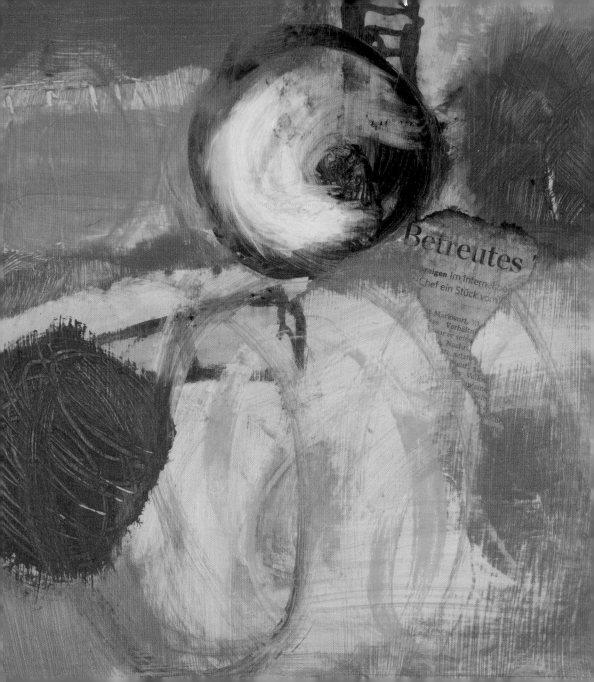

Dank

Redaktion und Herausgeber danken den Autorinnen und Autoren dieser Ausgabe für die freundschaftliche Zusammenarbeit und Marie-Luise Wolff als Verlegerin.

Besonderer Dank gilt Herrn Bernhard D. Sanders für die Farbkorrektur der Abbildungen und viele weitere Hilfestellungen bei der Drucklegung.
  Dem BLV Buchverlag GmbH & Co. KG München danken wir für die freundliche Überlassung des Textes »Gräser – zart und federleicht« von Anja Maubach.
  Herrn Prof. Kasper König danken wir für die freundliche Unterstützung bei der Reproduktion der Silberstiftzeichnung von Caspar David Friedrich.

Bibliografische Informationen
der Deutschen Nationalbibliothek

Die Deutsche Nationalbibliothek verzeichnet diese Publikation in der Deutschen Nationalbibliografie; detaillierte Informationen sind im Internet über http//:d-nb.de abrufbar.

Vertrieb

Robert Lenerz, Köln

Bestelladresse

Freio Verlag UG
Redwitzstraße 59
50937 Köln

vertrieb@freio-verlag.de
www.freio-verlag.de/

Freio Bestelltelefon 0221–9906119

Impressum

Freio #3 Grünflächen
Ausgabe 3 · Jahrgang 3 · Sommer 2011 · € 14,80

© Freio Verlag
© der Beiträge bei den Autorinnen und Autoren
© Gestaltung: Eusebius Wirdeier, Köln
Textkorrektur: Elke E. Wolf, Mechernich
Gesetzt aus der FHKeysans Normal und Bold
Gedruckt auf Profimatt 150 g/m²
Druck: Druckhaus Süd GmbH & Co. KG, Köln

Printed in Germany

Freio Verlag Unternehmergesellschaft (haftungsbeschränkt)
Dr. Marie-Luise Wolff
Gereonstraße 71–73
50670 Köln
<www.freio-verlag.de>

Redaktion

Theo Kerp
Heribert Schulmeyer
John Sykes
Marie-Luise Wolff
Benno Zimmermann
und die **Herausgeber** (v. i. S. d. P.)
Barbara Räderscheidt und Eusebius Wirdeier

Redaktionsadresse

Freio Verlag UG
Redwitzstraße 59
50937 Köln

redaktion@freio-verlag.de
<www.freio-verlag.de>